U0615703

馮承鈞 著

中國南洋交通史

貴州出版集團
貴州人民出版社

圖書在版編目（CIP）數據

中國南洋交通史 / 馮承鈞著 . -- 貴陽 : 貴州人民
出版社 , 2024. 9. -- ISBN 978-7-221-18637-9

Ⅰ . F552.9

中國國家版本館 CIP 數據核字第 2024YL1594 號

中國南洋交通史

馮承鈞　著

出 版 人　朱文迅
責任編輯　辜　亞
裝幀設計　采薇閣
責任印製　衆信科技

出版發行　貴州出版集團　貴州人民出版社
地　　址　貴陽市觀山湖區中天會展城會展東路 SOHO 辦公區 A 座
印　　刷　三河市金兆印刷裝訂有限公司
版　　次　2024 年 9 月第 1 版
印　　次　2024 年 9 月第 1 次印刷
開　　本　710 毫米 ×1000 毫米　1/16
印　　張　20
字　　數　120 千字
書　　號　ISBN 978-7-221-18637-9
定　　價　88.00 元

出版説明

《近代學術著作叢刊》選取近代學人學術著作共九十種，編例如下：

一、本叢刊遴選之近代學人均屬于晚清民國時期，卒于一九一二年以後，一九七五年之前。

二、本叢刊遴選之近代學術著作涵蓋哲學、語言文字學、文學、史學、政治學、社會學、目録學、藝術學、法學、生物學、建築學、地理學等，在相關學術領域均具有代表性，在學術研究方法上體現了新舊交融的時代特色。

三、本叢刊遴選之近代學術著作的文獻形態包括傳統古籍與現代排印本，爲避免重新排印時出錯，本叢刊據原本原貌影印出版。原書字體字號、排版格式均未作大的改變，原書之序跋、附注皆予保留。

四、本叢刊爲每種著作編排現代目録，保留原書頁碼。

五、少數學術著作原書内容有些許破損之處，編者以不改變版本内容爲前提，稍加修補，難以修復之處保留原貌。

六、原版書中個别錯訛之處，皆照原樣影印，未作修改。

由于叢刊規模較大，不足之處，懇請讀者不吝指正。

一

中國南洋交通史　目錄

下編

二

中國文化史叢書

第一輯

中國南洋交通史

馮承鈞著

主編者

王雲五

傅緯平

商務印書館發行

張菊生先生致力文化事業三十餘年，其躬自校勘之古籍，蜚聲士林流播至廣，對於我國文化之闡揚厥功尤偉。中國文化史叢書之編印，實受 張先生之影響與指導。第一集發行之始，適當 張先生七十生日。謹以此獻於 張先生，用誌紀念。

商務印書館謹識

序例

五

近年撰作，頗畏大題目尤畏他人提出之大題目，是以辭謝者屢。中國南洋交通史亦一大題目，初被徵求時亦未敢妄作。雖因友朋之鼓勵兒子之慫慂倘猶豫不決。自信是編脫稿後必不能副人之所期而其疏漏或與西域地名等。南洋範圍廣大涉及語言甚多非有鴻博學識不足辦此南海地名纂輯已有數年而尚未敢示人者職是故也。第思大輅始於椎輪姑且放膽一為或可得拋磚引玉之效歟正躊躇中吾友向覺明適由英倫寄惠我 G. Ferrand 撰大食波斯突厥交涉及遠東之輿記行傳二冊，於考訂地名上得大助力，余意遂決。

今之所謂南洋包括明代之東西洋而言，東西洋之稱似首見島夷志略著錄，然至明代始盛行。

大致以馬來半島與蘇門答剌以西質言之今之印度洋為西洋以東為東洋昔日大食人亦以此兩地為印度與中國之分界然在元以前則概名之曰南海或西南海。茲編研究之範圍東起呂宋西達

印度西岸阿剌壁海西岸諸地不錄，安南、占城、緬甸暹羅四國亦不著於編安南原列中國郡縣昔之占城爲今安南之中南圻，緬甸與中國交通常遵陸而不循海，暹羅至元代始合爲一國，元以前其南境先隸扶南後爲杜和鉢底國也。

中國與南海之海上交通有史之初應已有之，然史無其文可以徵引，祇能上溯至於漢代。

分爲上下二編上編述事蹟下編輯史傳與記文中國南洋交通之事蹟散見於載籍者詳略不等茲特就其重要者述之，首漢武以來譯長交市南海，次吳時康泰等之使扶南，次晉末法顯之歸程，次南北朝時往來南海僧人之行踪，次隋常駿等之使赤土，次唐賈耽所記廣州通海夷道次唐代往來南海之僧人行踪次宋代之南海次元代之南海次鄭和之下西洋凡十章是爲上編原擬終於謝清高海錄旋因篇幅所限，故略及歐羅巴人東來後事蹟漸多，非是編所能詳續編之作期之異日著錄古代南海之文以中國載籍爲最詳大食人之撰述次之，南海碑文又次之，此外無足論也。余久有志裒輯中國載籍中之關涉南海諸文合爲一編鈎稽而比附之，惟此事體大需時久雖有志而未能，散見於類書或舊註中之古佚籍欲排比校勘其文非窮年經月不可。是編所輯以史傳及前人曾經研究之

輿記為限。諸輿地中偏重趙汝适諸蕃志與馬歡瀛涯勝覽，蓋此二書為宋明二史外國傳之一源也。

次有汪大淵島夷志略證以明人所引書題原名似為島夷志今傳世之本似為明人刪節之書故其

文頗有分倂且舛訛難讀惟元人輿記僅是本幸存故亦撮其要而錄之。費信星槎勝覽半鈔島夷

略之文重要固不及瀛涯勝覽然世傳之本或經明人竄亂或脫誤難讀引用其文非先校勘不可然

此短期中無此餘力故亦不錄今所錄諸國首扶南因其為唐以前東西往來之要衝也次真臘因其

繼扶南而立國惟其疆域小於扶南次闍婆因南海諸州與中國通以此島為最古而滿者伯夷大國

曾稱霸於南海也次三佛齊自唐迄元亦嘗為南海中之大國次南海羣島諸國著錄者蘇門答剌藍

無里那孤兒黎代阿魯監篦碟里淡洋呵羅單蘇吉丹新拖重迦羅婆利麻葉甕假里馬打勾欄山渤

泥蘇祿三嶼麻逸呂宋文老古古里地悶凡二十三國次馬來半島諸國著錄者丹丹盤盤赤土狼牙

脩佛囉安單馬令彭坑吉蘭丹家盧滿剌加柔佛凡十一國次印度沿岸諸國著錄者天竺榜葛剌

烏爹注輦加異勒師子國唄喃古里柯枝南毗下里胡荼辣須文那凡十三國是為下編。

下編所錄雖盡史傳輿記文然比附頗費年月，如印度東岸之 Coromandel 乃梵語 Colamaṇḍala 所轉出之今名，此言朱羅國也，西域記名曰珠利邪（Coliya），大食語傳寫作 Cūliyān

又名其都城曰 Ma'bar，後大食語又將 Cola，轉讀作 Suli 或 Soli，因之中國載籍著錄者凡

四名曰：珠利邪見西域記曰注輦見宋史曰馬八兒見元史曰瑣里見明史皆一國也除珠利邪外似

未經國人考訂而比附之餘多仿此。下編後三章每章不祇一國然皆以類從備舉其同名異譯其異

名不見於各傳者則附註以明之。下編所錄以有傳者為限其他諸國名散見賈耽記通海夷道嶺外

代答諸蕃志島夷志略等編者則別詳上編各章國名地名之下，概用羅馬字註其古今名稱能考其

原來語言名稱者亦錄其羅馬字譯寫名稱於後自信學識雖簡陋必不致如鄭曉皇明四夷考之排

比散亂，邵大緯薄海番域錄之糅雜混淆。

　　茲編重在考訂地名國人從事於此類考訂者，固不乏其人，僅就近代言，如徐繼畬瀛寰志略魏

源海國圖志沈曾植島夷誌略廣證，陳士芑海國輿地釋名，杜宗預瀛寰譯音異名記丁謙諸考雖不

及明史外國傳考證之紕謬然頗多隔靴搔癢之說其弊皆在不明語言音韻外國人從事於此類考

訂者亦有數家除伯希和外亦多瑕瑜參半茲所採者，Hirth, Rockhill, 伯希和諸氏之說為多藤

田豐八之說亦瑕瑜互見，僅擇善而從諸說不必皆爲定讞探其立說較長者而從之然今之所是者，

安知明日之不非前在瀛涯勝覽校注中以蘇門答剌國當後之啞齊蓋輕信明史蘇門答剌傳後

「後易國名曰啞齊」語後見伯希和鄭和下西洋考亦以蘇門答剌當啞齊姑從其說近檢本年通

報，伯希和評瀛涯勝覽校注文謂前說誤應改作 Pasè 河上之 Samudra 村卽其例也職是之故考

證稍涉影響而無別證者不錄，如嶺外代答諸蕃志之登流眉，伯希和疑是宋史丹眉流文獻通考舟

眉流之倒誤然無旁證可以證實，如是之類，概不敢妄爲牽合。明知疏舛容有未免，搜剔或有未及甚

願世之博達有以指正而補充之，則是編輪廓之具爲不虛矣。民國二十五年九月十八日馮承鈞識

目錄

中國南洋交通史

上編

第一章 漢代與南海之交通

中國與南海之交通爲時應甚古，然載籍之文可徵引者，祇能上溯至漢書地理志。漢書卷二八

下粵地條後云：「自日南障塞徐聞合浦船行可五月，有都元國又船行可四月，有邑盧沒國又船行

可二十餘日有諶離國，步行可十餘日有夫甘都盧國。自夫甘都盧國船行可二月餘，有黃支國民俗

畧與珠厓相類其州廣大戶口多多異物自武帝（前一四〇至前八七）以來皆獻見有譯長屬黃

門，與應募者俱入海市明珠璧流離奇石異物齎黃金雜繒而往所至國皆稟食爲耦蠻夷賈船轉送

致之亦利交易剽殺人，又苦逢風波溺死不者數年來還，大珠至圍二寸以下。平帝元始（一至五年）

中，王莽輔政，欲燿威德，厚遺黃支王，令遣使獻生犀牛。自黃支船行可八月到皮宗，船行可二月到日

南象林界云：黃支之南有已程不國，漢之譯使自此還矣。」

此文雖簡要可考見漢代與南海交通之梗概。一可知發航地在今之雷州半島，所乘者是中國

船舶，在遠海中則由蠻夷買船轉送。二可知入海者是屬黃門之譯長齎黃金雜繒而往市明珠璧流

離奇石異物而歸。黃門隸少府，證以唐宋市舶多由中官鬖領一事，可以推想漢代通南海者亦為中

官。新唐書卷四三下引賈耽入四夷道里謂出峽（滿剌加峽）地人多鈔暴乘舶者畏憚之與此文

「亦利交易剽殺人」一語合；蓋南海中土人劫掠行旅之事古今同然也。所難知者僅為漢使所歷

之國諸國名經兩千年之傳寫，難保毫無訛誤，故歷來諸考據家幾人持一說，然藤田豐八，（註一）費

瑯（G. Ferrand）（註二）等並以黃支當西域記卷十之達羅毗荼國（Draviḍa）都城建志補羅

（Kāñcīpura 今 Conjeveram），立說較為可取。藤田以為都元國即通典卷一八八之都昆或都軍

國，而位之於馬來半島以邑盧沒國當新唐書南蠻傳盤盤國東南之拘蔞蜜而位之於緬甸沿岸以

諶離國當賈耽入四夷道里中之驃國悉利城，以夫甘都盧國當縹之蒲甘（Pugan, Pagan）城以皮宗當馬來半島之 Pisang 島雖不乏臆斷，然大致可取費瑯立說多與藤田合，且以宋史卷四八注輦（Cola）傳載大中祥符八年（一〇一五）注輦使臣娑里三文之行程比附考之，立說更為精審將來容有新說，然於黃支為建志一說似不易推翻考紀元前南印度之古國最著名者有二曰朱羅（Cola）立國於 Trichinopoly 同 Tanjore 二城間曰般茶（Pāṇḍya）立國於 Madura 城一帶旋有拔羅婆（Pallava）朝代，案達羅（Andhra）而與臣服二國建都於建志補羅文化甚盛。（註三）漢書地理志之黃支似指此國，則在紀元前一二世紀時，漢使足跡已至南印度矣。

紀元後西南海外諸國之通中國曾見後漢書著錄者有四：

卷一一六南蠻西南夷傳云：「永寧元年（一二〇）撣國王雍由調復遺使者詣闕朝賀獻樂及幻人能變化吐火自支解易牛馬頭又善跳丸數乃至千自言我海西人海西即大秦也撣國西南通大秦」

卷六本紀云永建六年（一三一）「十二月日南徼外葉調國撣國遺使貢獻。」註引東觀記

上編 第一章 漢代與南海之交通

一五

三

曰：「葉調國王遣使師會詣闕貢獻，以師會為漢歸義，葉調邑君，賜其君紫綬；又撣國王雍由亦賜金印紫綬。」又卷一一六西南夷傳云：「永建六年（一三一）日南徼外葉調王便遣使貢獻，帝賜調便金印紫綬。」

卷一一八西域天竺傳云：

「天竺國一名身毒，在月氏之東南數千里，俗與月氏同，而卑濕暑熱。其國臨大水，乘象而戰，其人弱於月氏，修浮圖道不殺伐，遂以成俗，從月氏高附國以西南至西海，東至磐越國皆身毒之地。身毒有別城數百城置長，別國數十國置王，雖各小異而俱以身毒為名其時，皆屬月氏，月氏殺其王而置將令統其人。七出象犀瑇瑁金銀銅鐵鉛錫。西與大秦通有大秦珍物，又有細布好毾㲪諸香石密胡椒薑黑鹽。和帝（八九至一○五）時數遣使貢獻，後西域反畔乃絕，至桓帝延熹二年（一五九）四年（一六一）頻從日南徼外來獻世傳明帝（五八至七五）夢見金人長大頂有光明以問羣臣或曰西方有神名曰佛其形長丈六尺而黃金色，帝於是遣使天竺，問佛道法遂於中國圖畫形像焉楚王英始信其術中國因此頗有奉其道者後桓帝（一四七至一六七）妙神數祀浮圖老子，百姓稍有奉者後遂轉盛。」

同卷大秦傳云：「大秦國……與安息天竺交市於海中，利有十倍其人質直市無二價穀食常賤，國用富饒鄰國使到其界首者乘驛詣王都，至則給以金錢其王常欲通使於漢而安息欲以漢繒綵與之交市故遮閡不得自達至桓帝延熹九年（一六六）大秦王安敦遣使至日南徼外獻象牙犀角瑇瑁始乃一通爲其所表貢並無珍異疑傳者過焉」

綜考右引諸文當時從「日南徼外」來獻者計有四國曰撣國曰葉調曰天竺曰大秦撣國地處上緬甸其來也或遵陸而非循海所獻大秦幻人疑是南天竺之幻術名，法苑珠林卷七六云：「唐貞觀二十年（六四六）西國有五婆羅門來到京師，善能音樂祝術雜戲截舌抽腹，走繩續斷又至顯慶（六五六至六六一）已來，王玄策等數有使人向五印度，西國天王爲漢使設樂或有騰空走索履屨繩行男女相避歌戲如常，或有女人手弄三仗刀稍槍等，擲空手接繩走不落，或有截舌自縛解伏依舊不勞人功，如是幻戲種種難述。」可以爲證三國志卷三十註引魏略西戎傳謂大秦「俗多奇幻口中出火自縛自解跳十二丸巧妙非常，」蓋指地中海大秦人之幻術與撣

patha，即法顯行傳之達嚫傳稱「撣國西南通大秦，」疑即此大秦印度昔亦以幻術名，Dakṣiṇā-

國條所言者殆有別也。

葉調曾經伯希和考訂為 Yavadvipa 之對音，費瑯氏又以南海方言證其不誤，然則指今之

爪哇矣。（註四）惟藤田豐八獨持異說。

其說（註五）以為葉字不宜作葉音讀，而應作攝音讀因假定其為斯調之同名異譯復又以斯

調為私訶條之簡稱，由是以此三名並指錫蘭島。案錫蘭島之古稱梵文俗語寫作 Sihadipa，支婁

迦讖譯雜譬喻經作私訶疊，失譯人名雜譬喻經作私訶絜，餘若藝文類聚卷七六引支僧載外國事，

水經注卷二引竺芝扶南記，西陽雜俎卷一〇並作私訶條業經伯希和等考訂精確自無可疑（註六）

第若以私調為其省稱未免牽強附會案私調一名，太平御覽卷七八七引南州異物志扶南土俗，又

卷六九九引吳時外國傳，洛陽伽藍記卷四，齊民要術卷十並見著錄，然核其方位與錫蘭島並不相

合。

太平御覽卷三五九引吳時外國傳：「加營國王好馬月支賈人常以舶載馬到加營國國王悉

為售之若於路失羈絆但將頭皮示王王亦售其半價」觀此文可見加營國不在印度本部而在海

中御覽卷七八七引南州異物志云：「斯調海中洲名也，在歌營東南可三千里，上有三國城市街巷，土地沃美」若探加營卽是訶陵一說，（註七）則加營殆當爪哇而斯調殆指爪哇東南之一島矣。

如前所考。葉調與斯調，非指一地，故余探伯希和等之考訂而以葉調當今之爪哇紀元二世紀時，脫烈美（Ptolémée）書誌有云：「大麥島（Iabadiu）地土饒沃多產金都銀城（Argyre）在國之西極」烈維（Sylvain Lévi）曾取正法念處經梵本「至耶婆島（Yava）」七寶莊嚴金銀島金礦爲飾，（註八）顧爪哇等語對勘因考訂此耶婆島卽脫烈美書之大麥島並指今之爪哇也。

蘇門答剌二島鄰處，世不無混稱二島爲 Yavadvipa 者，馬可波羅（Marco Polo）書名此二島並爲印度文化傳播之地，葉調使臣之入朝中國事應有之。其行程應循彭家（Banka）門沿蘇門答曰大小爪哇卽其例也。要在紀元以前，印度移民東徙文化東漸蘇門答剌馬來半島越南半島剌馬來半島越南半島人之遠祖自恆河東南赴爪哇海所邊之古道也。並爲馬來羣島人之遠祖自恆河東南赴爪哇海所邊之古道也。

（註九）

中國之識天竺天竺之識支那，源來巳久，貢獻雖始於漢和帝時，兩地交通爲時必更古也當時

通道有二：一為西域道，一為南海道。南海道之開闢或更在西域道之先證以後漢書天竺傳之文：

「和帝時數遣使貢獻後西域反畔乃絕。至桓帝延熹二年四年頻從日南徼外來獻」具見有南北兩道可通。由是可以推想及於佛教輸入問題，交通既不限於一道，輸入之地則不應僅由西域一途。

伯希和曾云「就實際言吾人對於佛教最初輸入中國之事毫無所知……吾人且不能確知佛教由何處輸入其關係紀元前二年遣使求經之史文，固言使臣往大月氏國誦浮圖經還漢，其說近似而不能必其為是。但吾人不應忘者紀元六五年時業已證明揚子江下流巳有桑門佛徒（註一〇）而在二世紀末年除洛陽之安息一派外，江蘇省中佛法甚盛，並由是傳播及於山東；此事不能證明其亦來自中亞及月氏也。當紀元一世紀時，雲南及緬甸之通道二世紀時交州南海之通道亦得為佛法輸入之所必經。一六六年大秦帝安敦之使臣即由交州登陸三世紀初年譯經建業之康僧會其先康居人其父因商賈移於交趾。二二六年大秦人秦論所抵之地亦為交趾。二五五或二五六年所出法華三昧經亦在交趾繙譯二世紀末年黃巾之亂獨交州差安中國學者避難於其地者為數不少。觀其種族信仰之雜與夫商業之盛有所紀錄自亦為意中必有之事。」（註一二）又可見南海一道

亦為佛教輸入之要途；南海之交趾猶之西域之于闐也，舊日傳說或以佛教輸入事在哀帝元壽元年（紀元前二年，見三國志卷三十註引魏略）或以事在明帝永平四年至十八年間，（六一至七五）（註三）皆屬傳說而非史實。後漢書天竺傳後誌明帝感夢事亦為傳說之一種，殆出袁宏後漢紀，亦非實錄。是欲尋究佛教最初輸入之故實應在南海一道中求之。

（註一）東四交涉史之研究，南海篇，前漢對於西南海上交通之記錄。

（註二）崑崙及南海古代航行考。

（註三）Jouveau-Dubreuil, 撰 Les Pallava, 見法屬印度史學雜誌，一九一六至一九一七年刊二二九至三三一頁。

（註四）參看交廣印度兩道考八八至八九頁。

（註五）見南海篇六五三至六九四頁。

（註六）交廣印度兩道考一三三至一三四頁。

（註七）四域南海史地考證譯叢一七八至一七九頁。

（註八）正法念盛經圖浮提洲地誌勘校錄五三至五四頁。

（註九）崑崙及南海古代航行考六九至七〇頁。

（註一〇）　事見後漢書楚王英傳。

（註一一）　北平圖書館館刊六卷三號二九至三〇頁。

（註一二）　參看河內遠東法國學校校刊一九一〇年刊 Henri Maspero 撰漢明帝感夢遣使求經事考證。

一〇

第二章　康泰等之使海南諸國

三國時孫權曾數遣使往海外第一次黃龍二年（二三○）春正月「遣將軍衞温諸葛直將
甲士萬人浮海求夷洲及亶洲，亶洲在海中，長老傳言秦始皇帝遣方士徐福將童男童女數千人入
海求蓬萊神山及仙藥止此洲不還世相承有數萬家其上人民時有至會稽貨布，會稽東縣人海行
亦有遭風流移至亶洲者所在絕遠卒不可得至但得夷洲數千人還。」三年（二三一）春二月

「衞温諸葛直皆以違詔無功下獄誅。」

事見三國志吳志卷二考後漢書（一一五）東夷傳：「又有夷洲及澶洲，傳言秦始皇遣方士
徐福將童男女數千人入海求蓬萊神仙不得，徐福畏誅不敢還遂止此洲，世世相承，有數萬家人民，
時至會稽市，會稽東冶縣人有入海行遭風流移至澶洲者所在絕遠，不可往來。」註云「沈瑩臨海
水土志曰，夷洲在臨海東南去郡二千里土地無霜雪草木不死四面是山谿人皆髡髮穿耳女人不

穿耳。土地饒沃既生五穀又多魚肉有犬尾短如麞尾狀此夷舅姑子婦臥息共一大牀略不相避地

有銅鐵唯用鹿格爲矛以戰鬭摩礪青石以作弓矢取生魚肉雜貯大瓦器以鹽鹵之歷月餘日乃噉

食之以爲上肴也」

亶洲或澶洲「所在絕遠」頗難考其方位。夷洲「在臨海東南去郡二千里」似只有琉球羣

島可以當之。但是衞溫等春季入海正是東北季候風盛時又安知其所至之夷洲不在南海史萊格

(Schlegel)曾假定徐福漂流之地在呂宋雖未言其理由或亦以此季候風爲準耳。

孫權第二次遣使則爲耀兵海外。三國志吳志卷二赤烏五年(二四二)七月「遣將軍聶友

校尉陸凱以兵三萬討珠崖儋耳」則用兵至於瓊州矣。次年十二月「扶南王范旃遣使獻樂人及

方物」與此事似不無關係,然其成績皆不如朱應康泰等宣化海南諸國一事之重要。

此事未見三國志著錄,僅首見於梁書(卷五四)海南諸國傳。其總敍云:「海南諸國大抵在

交州南及西南大海洲上相去近者三五千里遠者二三萬里其西與西域諸國接漢元鼎中遣伏波

將軍路博德開百越置日南郡。其徼外諸國自武帝以來皆朝貢後漢桓帝世大秦天竺皆由此道道

二四

二三

使貢獻及吳孫權時遣宣化從事朱應中郎康泰通焉其所經及傳聞則有百數十國因立記傳。晉代

通中國者蓋尠故不載史官及宋齊至者有十餘國始爲之傳自梁革運其奉正朔修貢職航海歲至，

交州復進討九眞斬獲以萬數又遣從事南宣國化暨徼外扶南林邑堂明諸王各遣使奉貢」案交

州之平在黃武五年（二二六，孫權召俗還時在黃龍三年（二三一）則遣從事南宣國化之時

三國志雖未著朱應康泰之名，然載有遣從事南宣國化之事。吳志卷十五呂俗傳云：「俗既定

應在此六年間南齊書卷五八扶南傳云：「至王槃況死國人立其大將范師蔓蔓病姊子旃篡立殺

蔓子金生十餘年蔓少子長襲殺旃以刃鑱旃腹曰汝昔殺我兄今爲父兄報汝旃大將范尋又殺長，

國人立以爲王是吳晉時也。」康泰等至扶南時所見扶南王應是范尋以前諸王尤應是范旃前引

赤烏六年（二四三）范旃遣使入貢之文即其一證又考梁書（卷五四）中天竺國傳云：「吳時

扶南王范旃遣親人蘇物使其國從扶南發投拘利口循海大灣中正西北入歷灣邊數國可一年餘

到天竺江口逆水行七千里乃至爲天竺王驚曰海濱極遠猶有此人即呼令觀視國內仍差陳宋等

二人以月支馬四匹報旃，遣物等還積四年方至，其時吳遣中郎康泰使扶南，及見陳宋等具問天竺土俗云佛道所興國也。」又考水經注卷一引康泰扶南傳曰：「昔范旃時有嘗楊國人家翔梨，嘗從其本國到天竺展轉流買至扶南，爲旃說天竺土俗道法流通金寶委積，山川饒沃，恣其所欲左右大國世尊重之旃問之。今去此可三萬餘里往還可三年。蘇物使天竺之前，嘗楊與道明似是同名異譯總之皆范旃在位時事也然梁書卷五四扶南傳云：「吳時遣中郎康泰宣化從事朱應使於尋國。」康泰等至

梁書卷五四中天竺傳又云：「黃武五年（二二六）有大秦賈人字秦論，來到交趾交趾太守吳邈遣使詣權，權問方土謠俗論具以事對時諸葛恪討丹陽獲黝歙短人，論見之曰，大秦希見此人，權以男女各十人差吏會稽劉咸送論，咸於道物故論乃遄還本國。」此事與康泰等之奉使至少有間接關係蓋交州爲東西人往來之要地呂岱或因秦論之還本國因而遣從事南宣國化歟？

朱應康泰等所立記傳今可考者，朱應有扶南異物志，隋書經籍志唐書藝文志並著錄今佚南

方返以爲天地之中也。」此事應在范旃遣蘇物使天竺之前，嘗楊與道明似是同名異譯總之皆范旃在位時事也然梁書卷五四扶南傳云

扶南又似在范尋在位時，然則其奉使在外有一二十年矣。

史卷十九劉杳傳云：「沈約又云：何承天纂文奇博其書載張仲師及長頸王事此何所出杳曰仲師

長尺二寸唯出論衡長頸是毗騫王朱建安扶南以南記云古來至今不死約即取二書尋檢一如杳

言。」朱建安疑是朱應；扶南以南記疑是扶南異物志之別名。北堂書鈔卷一三二引有「應志云斯

調國王作白珠交給帳遺遺天竺之佛神」疑亦指朱應扶南異物志。宋膺異物志別爲一書章宗源

隋書經籍志考證謂宋膺即朱應之訛誤也。

康泰書亦佚今散見水經注藝文類聚通典太平御覽等書諸書題名不一，太平御覽作吳時外

國傳吳時外國志扶南土俗藝文類聚作吳時外國志，扶南記通典作扶南傳水經注作康泰扶南記

扶南傳北平圖書館館刊第四卷第六號二五頁向達（註一）云「全書體製若何不甚可知今就散

見羣書之吳時外國傳與扶南記觀之，所述大致相同：外國傳記扶南事頗夥而扶南記所誌亦不盡

爲扶南如水經注卷一引扶南記，從迦那調洲西南到枝扈黎大江口渡江而西極爲大秦之一段文

字，與御覽卷七七一帆引吳時外國傳文略同少有繁簡之殊而已。如屬兩書似不應如此雷同故楊

守敬氏以爲「吳時外國傳又其總書名扶南傳又其書之一種」（水經注疏要刪卷一）余疑不惟

所謂扶南傳者爲吳時外國傳中之一部份,卽扶南記扶南土俗與外國傳亦實爲一書。扶南記等名

如非原書之子題,則係傳抄者以意分之後時沿襲遂成二書耳」其說是也。

朱應書旣全佚幸有康泰書散見羣籍中欲考吳時南宣國化事應裏輯其僅存之交互勘之友

人向覺明(達)有志爲此,然未見其輯本。伯希和或有輯本,然未刊布。日本學者駒井義明曾在所

謂孫權之南方遣使一文中略爲鉤稽;(註二)惜所據者是說郛卷六十之扶南土俗未免疏舛所輯

國名十二:(一)蒲羅中國(二)優鈸國(三)橫趺國(四)比攄國(五)馬五洲(六)薄

歎洲(七)魭蘭洲(八)巨延洲(九)濱郍專國(十)烏文國(十一)斯調國(十二)林

陽國。所輯不全又未廣事校訂故於所考康泰行程殊多肊斷其結論謂康泰等沿林邑(安南)南

下,經扶南(柬蒲寨)濱郍專國林陽國(暹羅,)渡金鄰大灣(暹羅灣)沿烏文國(馬來半島)

魭蘭洲('Tantalam),經蒲羅中國(Johore)薄歎洲(Bintang)諸薄(Palembang)馬五洲

(Banka)比攄洲(Billiton)巨延洲(Borneo),又北向經優鈸橫趺道明等國,(緬甸沿岸)抵

恆河(Ganga)口南下,至斯調洲(Ceylan)而還(註三)

案康泰書所誌國名不僅限此，別有加營國見太平御覽卷三五九引康泰吳時外國傳加那調

州見同書卷七七一引康泰吳時外國傳，（註四）後條云：「從加那調州乘大舶船張七帆時風一月

餘日乃入大秦國也」則並誌及大秦國矣，據伯希和說：加營似是太平御覽卷七九○引南州異物

志之歌營可以令人思及唐代之訶陵，則得爲爪哇矣。（註五）伯希和又云南州異物志謂斯調在歌

營東南三千里不得謂是錫蘭從費瑯（G. Ferrand）之說，在南海羣島中覓之。（註六）如伯希和

之說不誤，駒井義明所擬釋康泰等之行程泰半可以推翻且其所採藤田豐八斯調即私訶條（Siha-

dipa）之考訂亦不無可議釋藏中錫蘭島名有私訶疊私訶絜斯黎等譯法與竺芝扶南記之私訶條

法顯行傳之師子國，大唐西域記之僧伽羅，並是錫蘭島之同名異稱，（註七）然非考證其有脫文不

得謂其爲私訶條之省譯也縭以康泰等足跡似未逾滿剌加海峽，或曾附扶南舶歷遊南海諸島，絕

未親至印度可斷言也。梁書天竺傳云：「其時吳遣中郎康泰使扶南及見陳宋等其問天竺土俗」

可以證之。「其所經及傳聞有百數十國因立記傳」傳中所言非盡親歷之地，天竺大秦甚至加那

調州，皆屬傳聞之地也考證古地今名必須先詳各地之沿革不得因其今名一二聲韻偶合遽斷定

三〇

一八

爲古地，駒井航蘭比擄之今地考訂，皆坐此誤。若以聲韻偶合之法求之，儘可將比擄之別寫北擄考

作淳泥（Borneo），而烏文國之古讀且與今之 Oman 大體相符，然則謂康泰等遠至波斯灣歟？

前此曾言欲考康泰等之行程應裹輯現存之文比較而互勘之執此而論說郭引扶南土俗烏

文國條：「烏文國昔混滇初

載買人大舶入海所成比國」引文之佳。太平御覽卷三四七引吳時外國傳明著混塡是摸趺國人，

卷七八七引扶南土俗謂「橫趺國在優鈸之東南，「優鈸國者在天竺之東南可五千里」摸趺

橫趺兩名顯是同一國名傳寫之誤，雖未知孰是要可作互勘之助也。（註八）前引吳時外國傳加那

調州條謂此州乘大舶一月餘日可入大秦國，則此州似在印度洋西部，然水經注卷一引康泰扶南

傳曰：「從迦那調洲西南入大灣，可七八百里乃到枝扈黎大江口度江逕西行極大秦也。」枝扈黎

史記卷一二三正義引括地志作拔扈利，視爲恆河之別名殆爲 Vaggumuda 或 Phalgumati 之

對音則此迦那調洲又可位置在緬甸沿岸矣此又一互勘之益未先互勘，不可預下斷語也。

古時往來東西之海舶，吾人知有中國舶天竺舶波斯舶茲據康泰吳時外國傳又知有扶南舶。

太平御覽卷七六九引文云：「扶南國伐木爲船長者十二尋廣六尺頭尾似魚皆以鐵鑞露裝大者載百八人有長短橈及篙各一從頭至尾約有五十人或四十餘人隨船大小行則用長橈坐則用短橈水淺乃用篙皆撐上應聲如一」萬震南州異物志亦載有關於南海船舶之文兩條一見太平御覽卷七六九：「外域人名船曰舶（原誤船茲改正）大者長二十餘丈高去水三二丈望之如閣道，載六七百人物出萬斛。」一見御覽卷七七一：「外徼人隨舟大小式作四帆前後沓載之有盧頭木，

藥如屚形長丈餘織以爲帆其四帆不正前向皆使邪移相聚以取風吹風後者激而相射亦並得風力。若急則隨宜增減之邪張相取風氣，而無高危之慮，故行不避迅風激波所以能疾。」

（註一）北平圖書館館刊第四卷第六號漢唐間西域及海南諸國古地理書敍錄。

（註二）見歷史卜地理第二十五卷第六號五四五至五五九頁。

（註三）原地名皆用假名譯寫茲爲復原如上文。

（註四）參看西域南海史地考證譯叢一七八及一八〇頁。

（註五）西域南海史地考證譯叢一七八頁。

（註六）同書一七九頁。

（註七）參看交廣　度兩道考一三四頁。

（註八）西域南海史地考證譯叢一七三至一七六頁。

第三章　法顯之歸程

自漢迄晉佛法盛行，其通道要不外乎西域南海兩道。當時譯經廣州或建業之外國沙門疑多由海道至中國，（註一）惟其行程難以考見其可考者，在東晉一代祇能上溯至於法顯。

法顯以晉隆安三年（三九九）（註二）偕同伴數人發自長安，在外十五年，於義熙十年（四一四）還至青州。（註三）所撰行傳，在諸經錄及隋書經籍志中，有歷遊天竺記傳佛國記法顯傳等編，現僅存一本行世，有題佛國記者，有題法顯傳者似皆非是，今暫改題曰法顯行傳，以期名實相符。

法顯之去也遵陸其歸也循海兹僅錄其歸程始於多摩梨帝（Tāmralipti, Tamluk）國。

「多摩梨帝國即是海口其國有二十四僧伽藍盡有僧住佛法亦與法顯住此二年寫經及畫像。於是載商人大舶汎海西南行，得冬初信風畫夜十四日到師子國。（註四）彼國人云相去可七百由延其國大在洲上東西五十由延南北三十由延左右小洲乃有百數其間相去或十里二十里或

二百里皆統屬大洲多出珍寶珠璣，有出摩尼珠地方可十里王使人守護若有採者，十分取三其國

本無人民止有鬼神及龍居之諸國商人共市易市易時鬼神不自現身但出寶物題其價直商人則

依價直直取物因商人來往住故諸國人聞其土樂悉亦復來於是遂成大國其國和適無多夏之異

草木常茂田種隨人無有時節佛至其國欲化惡龍以神足力一足躡王城北一足躡山頂兩跡相去

十五由延於王城北跡上起大塔高四十丈金銀莊校眾寶合成塔邊復起一僧伽藍名無畏山有五

千僧起一佛殿金銀刻鏤悉以眾寶中有一青玉像高二丈許通身七寶炎光威相嚴顯非言所載右

掌中有一無價寶珠。法顯去漢地積年所與交接悉異城人山川草木舉目無舊又同行分析或留或

亡顧影唯己心常懷悲忽於此玉像邊見商人以晉地一白絹扇供養不覺悽然淚下滿目其國前王

遣使中國取貝多樹子於佛殿旁種之高可二十丈其樹東南傾王恐倒故以八九圍柱拄樹當拄

處心生逐穿柱而下入地成根大可四圍許柱雖中裂猶裹在其外人亦不去樹下起精舍中有坐像

道俗敬仰無倦城中又起佛齒精舍皆七寶作王淨信梵行城內人信敬之情亦篤其國立治已來無

有飢荒喪亂眾僧庫藏多有珍寶無價摩尼其王入僧庫遊觀見摩尼珠即生貪心欲奪取之三日乃

悟，卽詣僧中稽首悔前罪心告白僧言願僧立制自今已後，勿聽王入其庫看，比丘滿四十臘，然後得

入。其城中多居士長者薩薄（註五）商人屋宇嚴麗巷陌平整四衢道頭皆作說法堂月八日十四日，

十五日鋪施高座道俗四衆皆集聽法其國人云：都可五六萬僧悉有衆食王別於城內供五六千人

衆食須者則持本鉢往取隨器所容皆滿而還佛齒常以三月中出之，未出十日，王莊校大象使一辯

說人著王衣服騎象上擊鼓喝言菩薩從三阿僧祇劫苦行，不惜身命以國妻子及桃眼與人割肉貿

鴿，截頭布施投身餓虎，不恡髓腦如是種種苦行爲衆生故成佛在世四十九年說法教化令不安者

安，不度者度衆生緣盡乃般泥洹泥洹已來一千四百九十七年，世間眼滅衆生長悲卻後十日佛齒

當出，至無畏山精舍。國內道俗欲植福者，各各平治道路嚴飾巷陌辦衆華香供養之具，如是唱已王

便夾道兩邊作菩薩五百身已來種種變現或作須大拏或作睒變或作象王或作鹿馬如是形像皆

彩畫莊校狀若生人。然後佛齒乃出中道而行隨路供養到無畏精舍佛堂上道俗雲集燒香然燈種

種法事晝夜不息滿九十日乃還城內精舍至齊日則開門戶禮敬如法無畏精舍東四十

里有一山山中有精舍名跋提可有二千僧僧中有一大德沙門名達摩瞿諦其國人民皆共宗仰住

一石室中四十許年常行慈心能感蛇鼠使同止一室而不相害。城南七里有一精舍名摩訶毗訶羅，有三千僧住有一高德沙門戒行清潔國人咸疑是羅漢臨終之時王來省視依法集僧而問比丘得道耶其便以實答言是羅漢旣終王卽案經律以羅漢法葬之於精舍東四五里積好大薪縱廣可三丈餘高亦爾近上著栴檀沈水諸香木四邊作階上持淨好白㲲周帀蒙積上作大轝牀似此間輿車，但無龍魚耳當闍維時王及國人四衆咸集以華香供養從轝至墓所。王自華香供養訖轝著積上蘇油遍灌然後燒之火然之時人人敬心各脫上服及羽儀傘蓋遙擲火中以助闍維闍維已卽檢取骨卽以起塔。法顯至不及其生存唯見見葬時王篤信佛法欲爲衆僧作新精舍先設大會飯食僧供養已乃選好土牛一雙金銀寶物莊校角上作好金犁王自耕頃四邊然後割給民戶田宅書以鐵券。自是已後代代相承無敢廢易。法顯在此國聞天竺道人於高座上誦經云佛鉢本在毗舍離今在犍陀衛竟若干百年｟法顯聞誦之時有定歲數但今忘耳｠當復至西月氏國若干百年當至于闐國住若干百年當至屈茨國若千百年復來到漢地住若千百年當復至師子國若千百年當還中天竺到中天已當上兜術天上，彌勒菩薩見而歎曰釋迦文佛鉢至卽共諸天華香供養七日七日已還閻浮提海龍王持入龍宮至

彌勒將成道時，鉢還分爲四復本頻那山上。彌勒成道已四天王當復應念，佛如先佛法賢劫千佛共

用此鉢去已佛法漸滅佛法滅後人壽轉短乃至五歲十歲之時糯米酥油皆悉化滅人民極惡

木則變成刀杖共傷割殺其中有福者逃避入山惡人相殺盡已還復來共相謂言昔人壽極長但爲

惡甚作諸非法故我等壽命遂爾短促乃至十歲我今共行諸善起慈悲心修行仁義如是各行信義，

展轉壽倍乃至八萬歲。彌勒出世初轉法輪時先度釋迦遺法弟子出家人及受三歸五戒齋法供養

三寶者第二第三次度有緣者。法顯爾時欲寫此經其人云此無經本我止口誦耳。法顯住此國二年，

更求得彌沙塞律藏本得長阿含雜阿含復得一部雜藏此悉漢土所無者得此梵本已卽載商人大

船上可有二百餘人後係一小船海行艱險以備大船毀壞得好信風東下二日便值大風船漏水入，

商人欲趣小船小船上人恐人來多卽斫絚斷商人大怖命在須臾恐船水漏卽取麤財皆擲著水中，

法顯亦以軍持及澡灌幷餘物棄擲海中但恐商人擲去經像，唯一心念觀世音及歸命漢地衆僧我

遠行求法願威神歸流得到所止如是大風晝夜十三日到一島邊潮退後見船漏處卽補塞之。於是

復前海中多有抄賊遇輒無全大海瀰漫無邊不識東西唯望日月星宿而進若陰雨時爲逐風去亦

無准當夜闇時但見大浪相搏晃然火色蠅鼉水性怪異之屬，商人荒遽，不知那向海深無底又無下

石柱處至天晴已乃知東西還復望正而進若值伏石則無活路如是九十日許乃到一國名耶婆提。

（註六）其國外道婆羅門與盛佛法不足言停此國五月日，復隨他商人大船，上亦二百許人賷五十

日糧以四月十六日發，法顯於船上安居東北行趣廣州一月餘日夜鼓二時遇黑風暴雨商人賈客

皆悉惶怖。法顯爾時亦一心念觀世音及漢地衆僧蒙威神佑得至天曉曉已諸婆羅門議言坐載此

沙門使我不利遭此大苦當下比丘置海島邊，不可爲一人令我等危嶮。法顯本檀越言，汝若下此比

丘亦并下我，不爾便當殺我汝其下此沙門吾到漢地當向國王言汝也，漢地王亦敬信佛法重比丘

僧。諸商人躊躇不敢便下。於時天多連陰海師相望誤遂經七十餘日糧食水漿欲盡取海鹹水作

食，分好水人可得二升遂便欲盡商人議言，常行時正可五十日便到廣州，爾今已過其多日將無僻

耶，卽便西北行求岸晝夜十二日，長廣郡界牢山南岸便得好水菜但經涉險難憂懼積日忽得至此

岸，見藜藋菜依然，知是漢地然不見人民及形跡，未知是何許或言未至廣州或言已過莫知所定卽

乘小船入浦覓人欲問其處得兩獵人卽將歸令法顯譯語問之。法顯先安慰之，徐問汝是何人答言，

我是佛弟子，又問，汝入山何所求，其便詭言明當七月十五日欲取桃臘佛，又問此是何國，答言此青州長廣郡界，統屬劉家。（註七）聞已，商人歡喜即乞其財物，遣人往長廣太守李嶷（註八）敬信佛法，聞有沙門持經像乘船汎海而至，即將人從至海邊迎接經像歸至郡治，商人於是還向楊州劉法（註九）青州請法顯一冬一夏，法顯遠離諸師久，欲趣長安但所營事重，遂便南下向都，就諸師出經律。法顯發長安六年到中國，停六年還，三年達青州，凡所遊歷經三十國，沙河已西迄於天竺，衆僧威儀法化之美，不可詳說，竊唯諸師未得備聞，是以不顧微命，浮海而還，艱難具更，幸蒙三尊威靈，危而得濟，故竹帛所經歷欲令賢者同其聞見。」

「是歲甲寅晉義熙十二（註一〇）年歲在壽屋，夏安居末迎法顯道人既至，留共冬齋。因講集之際，重問遊歷其人恭順言輒依實，由是先所略者勸令詳載。顯復具敍始末，自云顧尋所經不覺心動汗流，所以乘危履險不惜此形者，蓋是志有所存，專其愚直，故投命於不必全之地以達萬一之異。於是感歎斯人，以為古今罕有，自大教東流，未有忘身求法如顯之比，然後知誠之所感無窮否而不通，志之所獎無功業而不成夫功業者豈不由忘夫所重重夫所忘者哉。」

據右錄法顯行傳，法顯自昔多摩梨帝令 Tamluk 港載商人大舶，乘冬初信風西南行十四日到昔師子國令錫蘭島。留住二年復載商人大船得好信風東下，二日便值大風飄流十三日，到一島，補船破漏復前行，九十日許到昔耶婆提令爪哇或蘇門答剌停此國五月日復隨他商人大船，費五十日糧以四月十六日發東北行趣廣州。一月餘日夜鼓二時遇黑風暴雨天多連陰海師誤路經七十餘日不見海岸即便西北行求岸晝夜十二日到山東之牢山灣南岸，時在七月十四日則其在錫蘭出發時應在義熙九年夏秋之間，蓋夏秋二季為西南信風發時冬春二季為東北信風發時帆船往來南海者悉視信風為準也。行傳云「商人議言常行時正可五十日便到廣州，」具見當時廣州耶婆提間頻有商舶往來云。（註二）

（註一）如高僧傳卷一之康僧會即其一例。中國沙門之西行求法亦有取此道者高僧傳卷四于法蘭「還適西域欲求異聞，至交州遇疾終於象林」又一例也。

（註二）高僧傳卷三法顯傳作隆安三年，適當已亥；法顯行傳作弘始二年，歲在己亥。案姚興於晉隆安三年七月改元弘始，行傳弘始二年應是元年之誤，舊籍中元二兩字互訛之例不少見也。

（註三）今本佛國記後題「是歲甲寅晉義熙十二年，案甲寅為義熙十年，二字疑衍且與在外十五年之年數亦相符也。

（註四）師子國名首見於此前此載籍未見著錄正史中宋書始有傳此島名稱甚多釋藏中有作私訶條者（Sihadipa），有作寶渚（Ratnadvipa，有作僧伽羅或僧訶羅（Simhala）者皆指今之錫蘭（Ceylan）今名古譯首見諸蕃志作細蘭參看交廣印度兩道考一三三至一三四頁。

（註五）薩薄殆為 sārthavāha 之省譯此言商隊主參看西域南海史地考證譯叢一一二頁。

（註六）耶婆提即後漢書之葉調劉宋以來著錄之闍婆梵語之 Yavadvipa 指今之爪哇亦有考作今之蘇門答剌者。參看交廣印度兩道考八六至九〇頁蘇門答剌古國考九三頁。

（註七）法顯抵青州時在義熙十年（四一四）距宋武帝受禪僅有六年此劉家似指劉裕但當時鎮青州者是劉敬宣（從吳廷燮東晉方鎮年表）南燕之滅在義熙六年（四一〇）州人或不知有朝廷此劉家亦得指敬宣也參看註九。

（註八）案魏書卷八三李峻傳「峻字珍之，梁國蒙縣人，元皇后兄也父方叔劉義隆（即宋文帝四二四至四五三）濟陰太守高宗道間使論之峻與五弟諶巒雅白永等前後歸京師拜峻鎮西將軍涇州刺史頓丘公羅諶等皆封公位顯後進峻爵為太宰薨。」行傳之李嶷應指此李嶷後其孫自拔南歸南齊書卷二七李安民傳云「李安民蘭陵承人也。祖嶷衛軍參軍父欽之殿中將軍補薛令安民隨父之縣，元嘉二十七年（四五〇）沒虜，率部曲自拔南歸。」

（註九）晉書卷十安帝紀：義熙十一年（四一五）「夏四月乙卯青冀二州刺史劉敬宣為其參軍司馬道賜所害。」行

四一

傳法字疑衍應作劉青州。敬宣牢之長子，晉書卷八四有傳「盧循反以冠軍將軍從大軍南討循平（案其事在

義熙七年）遷左衞將軍，散騎常侍又遷征廬將軍青州刺史尋改鎮冀州爲其參軍司馬道賜所害」當時冀州

淪沒僑置而巳傳云改鎮殆爲兼領晉書安帝紀義熙十年（四一四）「秋七月淮北大風壞廬舍」法顯在海

中所遇黑風暴雨殆爲同一暴風則又可證法顯等漂至牢山灣之時應在義熙十年。

（註一○）甲寅是義熙十年二字疑衍細繹傳語法顯似在長廣稍息青州人迎之至廣固坐臘因撰此傳。至義熙十一年

夏司馬道賜之亂起途南下至建業。

（註一一）章此章畢獲讀足立喜六考證法顯傳用力雖勤所見版本雖多然過於重視東禪寺本校勘頗疏於津逮祕書

本之異文多未舉出所考法顯回國作傳年月似有誤解故不採其說。

第四章 南北朝時往來南海之僧人

法顯後往來南海間之沙門，行程可以考見者，約有十人。

佛馱跋陀羅此云覺賢迦維羅衛人。智嚴（註一）西至罽賓，諮詢國衆，孰能流化東土，衆僉推賢。嚴既要請苦至，賢遂愍而許焉。於是捨衆辭師裹糧東逝，步驟三載，綿歷寒暑，既度葱嶺，路經六國，國主矜其遠化並傾懷資奉至交趾，乃附舶循海而行，經一島下，賢以手指山曰可止於此舶行惜日調風難遇不可停也行二百餘里忽風轉吹舶還向島下，衆人方悟其神咸師事之聽其進止後遇便風同侶皆發，賢曰不可動舶主乃止既而有先發者一時覆敗後於闇夜之中忽令衆舶俱發無肯從者賢自起收纜俄爾賊至留者悉被抄害頃之至青州東萊郡。（註二）案智嚴西行在法顯之後歸國或在法顯之前覺賢於義熙十四年（四一八）譯經建康以元嘉六年（四二九）卒。其來也應循陸道至交州，然後附舶循海，而至東萊。

智嚴西涼州人周流西國，要請覺賢東還。元嘉四年（四二七）譯經建康，常疑不得戒，每以爲懼，遂更汎海重到天竺，至罽賓無疾而化。（註三）

曇無竭，此云法勇，姓李，幽州黃龍人，宋永初元年（四二〇）招集同志二十五人遠適天竺，後於南天竺隨舶放海達廣州。（註四）

道普，高昌人，經遊西域徧歷諸國，慧觀法師欲重尋涅槃後分，乃啓宋太祖資給，遣普將書吏十人西行尋經，至長廣郡，舶破傷足因疾而卒。（註五）

求那跋摩，此云功德鎧，年二十出家受戒，至年三十遷師衆林棲谷，孤行山野，遁迹人世。後到師子國，觀風弘教，識眞之衆，咸謂已得初果，儀形感物，見者發心。後至闍婆國，（註六）初未至一日，闍婆王母夜夢見一道士飛舶入國，明旦果是跋摩來至。王母敬以聖禮，從受五戒，母因勸王曰宿世因緣得爲母子，我已受戒，而汝不信，恐後生之因永絕，今果王迫以母勅，卽奉命受戒，漸染旣久，專精稍篤，頃之鄰兵犯境，王謂跋摩曰：外賊恃力，欲見侵侮，若與鬪戰，傷殺必多，如其不拒，危亡將至，今唯歸命師尊，不知何計，跋摩曰暴寇相攻，宜須禦捍，但當起慈悲心，勿興害念耳，王自領兵擬之，旗鼓始

交賊便退卻王遇流矢傷腳，跋摩為呪水洗之信宿平復。王恭信稍殷，乃欲出家修道，因告羣臣曰：吾

欲躬棲法門卿等可更擇明主羣臣皆拜伏勸請曰：王若捨國則子民無依且敵國兇強恃強相對如

失恩覆則黔首奚處，大王天慈寧不愍命敢以死請伸其悃愊王不忍固違乃就羣臣請三願若許者

當留治國一願凡所王境同奉和尚；二願盡所治內一切斷殺三願所有儲財賑給貧病。羣臣歡喜僉

然敬諾於是一國皆從受戒王後為跋摩立精舍躬自琢材傷王脚指跋摩又為呪治有頃平復。道化

之聲播於遐邇鄰國聞風皆遣使要請時京師名德沙門慧觀慧聰等，遠挹風猷思欲餐稟以元嘉

年（四二四）九月，面啓文帝求迎請跋摩帝即勑交州刺史令泛舶延致觀等又遣沙門法長道沖

㳊儁等往彼祈請并致書於跋摩及闍婆王婆多伽等，必希顧臨宋境流行道教跋摩以聖化宜廣不

憚遊方先已隨商人竺難提舶欲向一小國會直便風遂至廣州。（註七）

求那跋陀羅此云功德賢中天竺人及受具戒博通三藏前到師子諸國，皆傳送資供既有緣東

方，乃隨舶汎海中途風止淡水復竭舉舶憂惶跋陀曰可同心并力念十方佛稱觀世音何往不感乃

密誦呪經懇到禮懺俄而信風暴至密雲降雨一舶蒙濟其誠感如此。元嘉十二年（四三五）至廣

州。（註八）

僧伽婆羅梁言僧養亦云僧鎧扶南國人也幼而穎悟早附法律學年出家偏業阿毗曇論聲榮之盛有譽海南具足已後廣習律藏勇意觀方樂崇開化閒齊國宏法隨舶至都住正觀寺爲天竺沙門求那跋陀弟子天監五年（五○六）被徵召於揚都壽光殿華林園正觀寺占雲館扶南館等五處傳譯經論普通五年（五二四）因疾卒於正觀（註九）

曼陀羅梁言宏弱亦扶南國人大賷梵本遠來貢獻敕與婆羅共譯經三部雖事傳譯未善梁言故所出經文多隱質（註一○）

“拘那羅陀陳言親依或云波羅末陀亦云眞諦本西天竺優禪尼國人羣藏廣部罔不措懷藝術異能偏素諳練雖遵融佛理而以通道知名遠涉艱關無憚夷險歷遊諸國隨機利見。大同中敕直使張汜等送扶南獻使返國（註一一）仍請名德三藏大乘諸論雜華經等彼國乃屈眞諦並賷經論以大

同十二年（五四六）八月十五日達於南海（註一二）沿路所經乃停兩載以太清二年（五四八）閏八月始屆京邑陳武永定二年（五五八）七月還返豫章又上臨川晉安諸郡眞諦雖傳經論道

中國南洋交通史

四六

三四

缺情離本意不申更觀機壤，遂欲汎舶往棲伽修國，(註一三)道俗留之，遂停南越，天嘉六年（五六五）

又汎小舶至梁安郡，(註一四)更裝大舶欲返西國又循人事權止海隅，已而發自梁安汎舶西引業風

賦命飄還廣州，以太建元年（五六九）遘疾卒。(註一五)

須菩提陳言善吉，扶南國人也。於揚州至敬寺為陳主譯經。(註一六)

右錄六朝間往來南海之沙門十八人其中扶南國沙門三人而由扶南延至者一人，具見當時扶

南為佛教東被之一大站重要與西域之和闐龜茲等也(註一七)中國海港名見諸傳者，有山東半島

北岸之東萊南岸之長廣，然與南海交通頻繁之大港要不外交廣二州。顧外國船舶所蒞且溯江而

上至於江陵高僧傳卷二佛馱跋陀羅傳載跋陀在長安預言本鄉有五舶俱發後適江陵遇外國舶

主，既而訊訪果是天竺五舶。預言之偶合，要足證長江中有外國船舶往來。諸僧行程約略可考者

求那跋摩經行錫蘭闍婆占城而至廣州。拘那羅陀經行狼牙修扶南而至廣州其先或曾假道錫蘭，

蓋其為優禪尼（Ujjayani）國人，而錫蘭為東渡必經之地也。

（註一）高僧傳卷三有傳。

上編　第四章　南北朝時往來南海之僧人

（註二）節錄高僧傳卷二本傳。

（註三）節錄高僧傳卷三本傳並參考同卷法顯傳。

（註四）節錄高僧傳卷三本傳。

（註五）附見高僧傳卷二曇無讖傳。

（註六）此闍婆疑指蘇門答刺。

（註七）節錄高僧傳卷三本傳傳後遺文云避難浮於海闍婆及林邑業行風所飄隨緣之宋境則至廣州前會涉林邑矣。

（註八）節錄高僧傳卷三本傳。

（註九）節錄續高僧傳卷一本傳。

（註一○）附見續高僧傳卷一僧伽婆羅傳。

（註一一）梁書卷五十四扶南傳大同五年（五三九）復遺使獻生犀又言其國有佛髮長一丈二尺詔遣沙門釋雲寶隨使往迎之疑指此役。

（註一二）大同十二年四月改元中大同則大同十二年無八月，年月必有一誤。

（註一三）棱伽修梁書卷五四有傳作狼牙脩馬來半島北部之 Laiikāsuka 國也。

（註一四）梁梁安郡治在今湖北黃安縣南此處梁安應是傳寫之誤。

（註一五）節錄續高僧傳卷一本傳。

（註一六）附見續高僧傳卷一眞諦傳。

（註一七）高僧傳卷四于法蘭傳云：蘭誓慨大法雖興，經道多闕，乃遠適西域欲求異聞，至交州遇疾，終於象林。既至交州遵陸南行，似欲至扶南訪求異聞者。

第五章　常駿等之使赤土

煬帝纂業，甘心遠夷志求珍異，故師出於流求（今臺灣）兵加於林邑（今安南中圻）而其最有關係南海之交通者則爲常駿等使赤土一事。

「煬帝即位慕能通絕域者。大業三年（六〇七，屯田主事常駿虞部主事王君政等請使赤土，帝大悅賜駿等帛各百四時服一襲而遣齎物五千段以賜赤土王其年十月，駿等自南海郡乘舟，晝夜二旬每值便風至焦石山而過東南泊陵伽鉢拔多洲，西與林邑相對，上有神祠焉又南行至師子石，自是島嶼連接又行二三日西望見狼牙須國之山，於是南達雞籠島，至於赤土之界其王遣婆羅門鳩摩羅以舶三十艘來迎吹蠡擊鼓以樂隋使進金鎖以纜駿船。月餘至其都，遣其子那邪迦請與駿等禮見先遣人送金盤貯香花幷鏡鑷金合二枚貯香油，金瓶八枚貯香水白疊布四條以擬供使者盥洗其日未時，那邪迦又將象二頭持孔雀蓋以迎使人幷致金花金盤以藉詔函男女百人奏

蠡鼓婆羅門二人導路至王宮。駿等奉詔書上閣，王以下皆坐宣詔訖引駿等坐，奏天竺樂事畢駿等

還館又遣婆羅門就館送食以草葉爲盤其大方丈因謂駿曰今是大國中人非復赤土國矣飲食疎

薄願爲大國意而食之後數日請駿等入宴儀衛導從如初見之禮王前設兩牀牀上並設草葉盤方

一丈五尺上有黃白紫赤四色之餅牛羊魚鱉豬蝳蝐之肉百餘品延駿升牀從者坐於地席各以金

鍾置酒女樂迭奏禮遣那邪迦隨駿貢方物并獻金芙蓉冠龍腦香以鑄金爲多羅葉隱起

成文以爲表金函封之令婆羅門以香花奏蠡鼓而送之飫入海見綠魚羣飛水上浮海十餘日至林

邑東南並山而行其海水闊千餘步色黃氣腥舟行一日不絕云是大魚糞也循海北岸達於交阯。

以六年（六一〇）春與那邪迦於弘農謁帝帝大悅賜駿等物二百段俱授秉義尉那邪迦等官賞

各有差」（註二）

考隋書卷二本紀：大業四年（六〇八）三月壬戌，百濟倭赤土迦邏舍國並遣使貢方物景寅，

遣屯田主事常駿使赤土致羅剎五年（六〇九）二月辛丑，赤土國遣使貢方物紀傳所載出使年

月微有出入未詳孰是。

隋書赤土傳曰：「赤土國，扶南之別種也。在南海中，水行百餘日達所都，土色多赤，因以爲號；東波斯刺國，西婆羅娑國，南訶羅旦國，北拒大海，地方數千里」執此以考赤土之方位僅知此國在林邑之西暹羅灣之南國人屬猛吉蔑種（Môn-Khmer）而已。顧常駿等行程所經，有狼牙須國之山，此狼牙須應爲梁書狼牙修，續高僧傳棱伽修之同名異譯（註二）考義淨南海寄歸內法傳卷一註云：「從那爛陀東行五百驛皆名東裔乃至盡窮，有大黑山計當土蕃南畔義淨傳云蜀川西南行可一月餘便達斯嶺次此南畔通近海涯有室利察呾羅國次東南有郎迦戍國，次東極至臨邑國。」義淨之郎迦戍國應亦是狼牙須之同名異譯而位在室利察呾羅國之東，此室利察呾羅國即唐書中之驃國驃即是從前稱霸 Prome 之 Pyu 族。（註三）杜和鉢底國即 Menam下流之 Dvaravatī，臨邑即林邑之別寫今安南中圻也由是考之，狼牙須之方位在驃國之南，而赤土又在此狼牙須國之南殆爲 Kra 地峽南方之一國也。常駿等發自廣州，沿安南沿岸行過Camao 岬入暹羅灣沿眞臘緬甸海岸行，（因有島嶼連接之語，）至馬來半島北部東岸與見狼牙須國之山南行過馬來半島東岸之一島而名之曰雞籠島然後抵於赤土國界則此赤土應在馬

來半島之中，舊考謂在暹羅境內誤也。（註四）

（註一）見隋書卷八二赤土傳。

（註二）參看本書第四章註一三。

（註三）參看伯希和交廣印度兩道考三五頁；西域南海史地考證譯叢續編九八頁。

（註四）參看東西交涉史之研究南海篇一至三七頁狼牙修國考。

上編　第五章　常駿等之使赤土

第六章 賈耽所誌廣州通海夷道

唐代海上交通較前爲盛，唐書藝文志著錄地理類書一百零六部，其中關係四裔者有賈耽古今郡國縣道四夷述、皇華四達記、戴斗諸蕃記、達奚通海南諸蕃行記、高少逸四夷朝貢錄等編現皆不傳。新唐書地理志後附錄有賈耽所記入四夷之路七殆爲採諸古今郡國縣道四夷述者其廣州通海夷道業經伯希和（Pelliot）希爾特（Hirth）等考證詳明茲錄述於後（註一）

「廣州東南海行二百里至屯門山乃帆風西行二日至九州石又南二日至象石又西南三日行至占不勞山山在環王國東二百里海中又南二日行至陵山又一日行至門毒國又一日行至古笪國又半日行至奔陀浪洲又兩日行到軍突弄山又五日行至海硤蕃人謂之質南北百里北岸則羅越國南岸則佛逝國佛逝國東水行四五日至訶陵國南中洲之最大者又西出硤三日至葛葛僧祗國在佛逝西北隅之別島國人多鈔暴乘舶者畏憚之其北岸則箇羅國箇羅西則哥谷羅國又從

葛葛僧祗四五日行至勝鄧洲，又西五日行至婆露國，又六日行至婆國伽藍洲，又北四日行至師子國，其北海岸距南天竺大岸百里，又西四日行經沒來國，南天竺之最南境，又西北經十餘小國至婆羅門西境。又西北二日行至拔颺國，又十日行經天竺西境小國五至提颺國，其國有彌蘭大河一曰新頭河，自北渤崑山來，西流至提颺國，北入於海。又自提颺國西二十日行，經小國二十餘，至提羅盧和國，一曰羅和異國。國人於海中立華表，夜則置炬其上，使舶人夜行不迷。又西一日行至烏剌國，乃大食國之弗利剌河南入於海，小舟泝流二日至末羅國，大食重鎮也。又西北陸行千里至茂門王所都縛達城。自婆羅門南境從沒來國至烏剌國皆緣海東岸行，其西岸之西皆大食國」（註二）。

則採希爾特之說，希說不可從者則採他說。

賈耽所記南海路程如此，茲取伯希和所考證之今地釋之，伯希和之考證止於印度南端，其後為後之獨珠山（Tinhosa）。占不勞山為安南之峋嶗占（Culao Cham）。象石得屯門在大嶼山及香港二島之北海岸及琵琶洲之間。九州石似即後之七洲（Taya）。

環王國即昔之林邑後之占城陵山得為安南歸仁府北之 Sa-hoi 岬門毒國疑指今之歸仁。

古笪乃 Kauthara 之對音，今安南之藩籠（Phannang）省地也。軍突弄山即後之崑崙山今 Pulo Condore 也。「海硤」

對音今安南之藩籠（Phannang）省地也。軍突弄山即後之崑崙山今 Pulo Condore 也。「海硤

蕃人謂之質」伯希和考作滿剌加硤，希爾特則從 Gerini 說考作星加坡硤。

羅越顯是馬來半島之南端，佛逝國乃室利佛逝國（Srivijaya）之省稱當時南海中之大國

也，都蘇門答剌島之巴林馮（Palembang）後稱舊港（註三）訶陵乃梵語（Kalinga）之省稱，與

印度之羯餧伽同名今爪哇也葛葛僧祇國疑在 Brouwers 羣島中箇羅應是九世紀時大食人

著錄之 Kalah，疑指 Kedah，地在馬來半島西岸哥谷羅對音與大食人著錄之 Qaqəla 同疑

在 Kedah 之西北或西南一島中，勝鄧洲似在蘇門答剌島之 Deli 或 Langkat 區中婆露得

爲義淨之婆魯師伽藍洲一名或指翠藍嶼今 Nicobar 羣島也師子國即錫蘭已見前考。

沒來國指 Malabar 沿岸疑特指 Quilon，六世紀時 Cosmas 書著錄有 Malé 城，

七世紀時玄奘西域記著錄有秣羅矩吒（Malaguta）一名摩剌耶（Malaya）者即其地之梵名

也九世紀時大食人行紀作 Kulam-Malé，宋譯之故臨元譯之俱蘭明譯之葛蘭也拔颺疑指昔

之 Barygaza，今之 Broach。提颺指 Daibul 或 Diul（註四）今印度河（Indus）大食人

名曰 Nahr Mihrān，即彌蘭河之對音梵名作 Sindhu，即新頭河之對音。渤崑山殆指西域

記之鉢露羅（Bolor）今之 Balfi，然得亦為崑崙之訛緣梁書卷五四中天竺傳云「國臨大江名

新陶（Sindhu）源出崑崙也」提羅盧和國桑原隲藏引 Magoudi 書考作 Djerrarah，並引

海中立華表夜置炬其上以導船舶事證之（註五）

烏剌國應指 Al-Ubullah 弗利剌河應是 Euphrates 河末羅國應指 Basra 縛達城

應指 Bagdad 宋譯作白達元譯作報達者是已。（註六）大食國阿剌壁（Arabi）帝國也。

（註一）參看伯希和交廣印度兩道考希爾特諸蕃志譯註本十頁至十六頁。

（註二）見新唐書地理志卷四三下。

（註三）參看費瑯（G. Ferrand）蘇門答剌古國考。

（註四）參看西域南海史地考證譯叢一一一頁註〔二〕

（註五）參看唐宋貿易港研究楊鍊譯本二五頁。

（註六）參看唐宋貿易港研究二六至三〇頁；西域南海史地考證譯叢一二一頁。

第七章 唐代往來南海之僧人

買耽所誌通海夷道蓋爲當時波斯大食舶往來之要道，而於其他航線皆略前引實諦傳六世紀時扶南棱伽修兩國爲佛教東被之兩大站，買耽時扶南已改爲真臘，有陸道可通別有著錄（註二）然於棱伽修則遺而不書蓋其不在東西往來之要道中也。是欲考當時南海海舶所經諸國應取釋藏諸傳補之。

玄奘足跡雖未至南海，然於西域記卷十三摩咀吒(Samatata)條後著錄有南海六國。「東北大海濱山谷中有室利差咀羅 (Sriksetra) 國次東南大海隅有迦摩浪迦 (Kamalanga) 國次東有墮羅鉢底(Dvaravati) 國次東有伊賞那補羅 (Isanapura) 國；次東有摩訶瞻波(Mahacampa) 國即此云林邑是也次西南有閻摩那洲 (Yavanadvipa) 國凡此六國山川道阻不入其境，然風俗壤界聲問可知」案室利差咀羅國即南海寄歸內法傳之室利察咀羅國唐書之驃國今之

Prome。迦摩浪迦國應為後之白古 (Pegu)。瞢羅鉢底國即南海寄歸內法傳之杜和鉢底，在今

Menam 江之下流伊賞那補羅國即眞臘今之柬埔寨 (Kamboja)。摩訶瞻波即後之占城當

時據有今安南之中圻南圻。(註二) 閻摩那洲國疑是耶婆洲 (Yavadvipa) 之誤殆指蘇門答剌

大島蓋當時南海中大洲除此島或爪哇外莫屬也(註三)

唐代僧人敍述南海最詳者要為義淨。淨字文明，姓張氏，范陽人也，年十有五，便萌其志，欲遊西

域。咸亨二年(六七一)年三十有七方遂發足。初至番禺得同志數十人及將登舶餘皆退罷淨奮勵

孤行，備歷艱險所至之境皆洞言音凡遇酋長俱加禮重鷲峰雞足咸遂周遊鹿苑祇林並皆瞻矚諸

有聖迹畢得追尋經二十五年，歷三十餘國，以天后證聖元年(六九五)乙未仲夏還至洛河。(註四)

淨於其所撰大唐西域高僧傳卷下述其行程云：「于時咸亨二年(六七一)坐夏楊府，初秋

忽遇龔州使君馮孝詮隨至廣府，與波斯舶主期會南行。復蒙使君命往崗州，重為檀主及弟孝誕使

君存軫使君，郡君甯氏，郡君彭氏等合門眷屬咸見資贈，爭抽上賄，各捨奇殲庶無乏於海途恐有勞

於險地，篤如親之惠順，給孤之心，共作歸依，同緣勝境，所以得成禮謁者蓋馮家之力也。又嶺南法俗，

共鯁去留之心北土英儒俱懷生別之恨至十一月遂乃面翼鰺背番禺指鹿園而遐想望雞峰而太
息。于時廣莫初颺向朱方而百丈雙挂離箕創節藥玄朔而五兩單飛長截洪溟似山之濤橫海斜通
巨壑如雲之浪滔天未隔兩旬果之佛逝（Srivijaya, Palembang）經停六月漸學聲明王贈支持，
送往末羅瑜（Malayu, Jambi）國（原註云今改爲室利佛逝也。）復停兩月轉向羯荼（Kedah），
至十二月舉帆還乘王舶漸向東天矣從羯荼北行十日餘至裸人國（Nicobar 島）向東望岸可
一二里許但見椰子樹檳榔林森然可愛彼見舶至爭乘小艇有盈百數皆將椰子芭蕉及籐竹器來
求市易其所愛者但唯鐵焉大如兩指得椰子或五或十丈夫悉皆露體婦女以片葉遮形商人戲授
其衣卽便搖手不用。傳聞斯國當蜀川西南界矣此國旣不出鐵亦寡金銀但食椰子藷根無多稻穀，
是以盧呵最爲珍貴（原註云此國名鐵爲盧呵）其人容色不黑量等中形巧織團籐箱餘處莫能及。
若不共交易便放毒箭一中之者無復再生從茲更半月許望西北行遂達耽摩立底（Tamralipti,
Tamluk）國卽東印度之南界也。……十載求經方始旋蹉言歸還耽摩立底未至之間遭大劫賊僅
免鋒刃之禍得存朝夕之命於此升舶過羯荼國所將梵本三藏五十餘萬頌唐譯可成千卷權居佛

逝矣。〕

〔大唐西域求法高僧傳卷下貞固傳云：「淨於佛逝江口升舶，附書憑信廣州，見求墨紙抄寫梵經，並雇手直於時商人風便，舉帆高張，遂被載來求住無路是知業能裝飾非人所圖遂以永昌元年（六八九）七月二十日達於廣府。……所將三藏五十餘萬頌並在佛逝終須覆往。……誰能共往收取隨譯隨受須得其人衆僉告曰有僧貞固……斯爲善伴……廣府法俗悉贈資糧即以其年十一月一日附商舶去番禺望占波而陵帆指佛逝以長驅。」

綜觀右文義淨於六七一年仲冬自廣府發足次年十二月乘佛逝王舶進向東天，應在六七三年春初達耽摩立底求經十載則其重還耽摩立底登舟得在六八二年或六八三年夏秋間緣其後來權居佛逝不遑還本國必因西南信風已息計停留佛逝有六年矣。六八九年因風便還廣府同年冬又偕貞固同至佛逝後於六九五年仲夏始還至洛則最後留居佛逝時爲年亦久合計其往來南海之時間應有十餘年。南海情形淨必詳悉惜未留存行傳今僅在求法高僧傳南海寄歸傳中籥其大略。

《南海寄歸內法傳》卷一註云：「從那爛陀（Nalanda）東行五百驛皆名東裔，乃至盡窮有大黑山（Arakan?）計當土蕃（Tibet）南畔傳云是蜀川西南行可一月餘便達斯嶺，次此南畔逼近海涯有室利察呾羅（Srikṣetra）國；次東南有郎迦戍（Laṅkāsuka）國次東有杜和鉢底（Dvar-avati）國次東極至臨邑（Campa）國並悉極邊三寶。」諸國名本書五六兩章別有考。

同書卷一記南海諸洲云「從西數之有婆魯師洲末羅遊洲即今尸利佛逝國是，莫訶信洲訶陵洲呾呾洲盆盆洲婆里洲掘倫洲，佛逝補羅洲阿善洲末迦漫洲又有小洲不能具錄」又云：「斯乃咸遵佛法多是小乘唯末羅遊少有大乘耳諸國周圍或可百里或數百里或可百驛大海雖難計里，商舶慣者準知。良爲掘倫初至交廣遂使總喚崑崙國焉唯此崑崙頭捲體黑自餘諸國與神洲不殊，赤脚敢曼總是其式廣如南海錄中具述。驪州正南步行可餘半月，若乘船纔五六潮即至上景南至占波即是臨邑此國多是正量少兼有部。西南一月至跋南國舊云扶南先是躶國人多事天後乃佛法盛流惡王今並除滅迥無僧衆外道雜居斯即瞻部南隅，非海洲也。」

義淨所述諸洲今知婆魯師洲是 Baros ；末羅遊洲在 Jambi 河流域；莫訶信洲爪哇史頌

有地名 Mahasin，應是其對音，太平寰海記卷一七七（註五）作摩訶新今地未詳訶陵洲應指爪

哇前已有考咀咀洲盆盆洲疑在馬來半島婆里洲應是 Bali ；餘四洲未詳疑均在婆里之東也。

（註六）

　載籍中屢著錄之崑崙國及崑崙奴，茲據義淨之解釋：「良爲掘倫初至交廣，遂使總喚崑崙國

焉。」顧載籍中之國以崑崙名者不祇一地，似爲捲髮黑身人之總稱可取慧琳一切經音義卷八一

之解釋證之。其文曰：「崑崙語，上音昆下音論時俗語便亦作骨論，南海州島中夷人也甚黑裸形能

馴伏猛獸犀象等種類數般，即有僧祇（Zangi）突彌骨堂閣蔑（Khmer）等皆鄙賤人也。國無禮

義，抄劫爲活愛噉食人如羅刹惡鬼之類也言語不正異於諸蕃善入水竟日不死」此文中突彌骨

堂雖未詳爲何種，要省指南海中捲髮黑身之人，故舊唐書卷一九七林邑傳後云：「自林邑以南捲

髮黑身通號崑崙。」（註七）則昔日崑崙國泛指南海諸國北至占城南至爪哇西至馬來半島東至

婆羅洲（Borneo）一帶甚至遠達非洲東岸皆屬崑崙之地也。

　義淨大唐求法高僧傳載西行求法之僧人凡六十而取海道者過半茲節錄其關係南海之

六三

五一

文於下方：

有新羅僧二人，莫知其諱發自長安，遠之南海汎舶至室利佛逝國西婆魯師國遇疾俱亡。

常愍禪師者幷州人也附舶南征往訶陵國。從此附舶往末羅瑜國復從此國欲詣中天然所附

商舶載物既重解纜未遠忽起滄波不經半日遂便沉沒當沒之時商人爭上小舶互相戰鬪其舶主

既有信心高聲唱言師來上船。常愍曰可載餘人我不去也所以然者若輕生爲物順菩提心亡己濟

人斯大士行於是合掌西方稱彌陀佛念念之頃船沈身沒聲盡而終春秋五十餘矣有弟子一人不

知何許人也號咷悲泣亦念西方與之俱沒。

明遠法師者益州清城人也梵名振多提婆（原註唐云思天）振錫南遊屆於交阯鼓舶鯨波，

到訶陵國次至師子洲爲君王禮敬乃潛形閣內密取佛牙望歸本國以與供養既得入手翻被奪將，

不逐所懷頗見陵辱向南印度，傳聞師子洲人云往大覺中方寂無消息應是在路而終莫委年幾。

義朗律師者益州成都人也與同州僧智岸幷第一人名義玄俱至烏雷同附商舶掛百丈陵萬

波越訶扶南綴纜郎迦戍蒙郎迦戍國王待以上賓之禮智岸遇疾於此而亡朗公既懷死別之恨與

弟附舶向師子洲，披求異典頂禮佛牙漸之西國傳聞如此，而今不知的在何所，師子洲既不見，中印

度復不聞，多是魂歸異代年四十餘耳。

會寧律師益州成都人也麟德年中（六六四至六六五）杖錫南海汎舶至訶陵洲停住三載，

遂共訶陵國多聞僧若那跋陀羅（此云智賢）譯經。會寧既譯得阿笈摩本遂令小僧運期奉表齎

經還至交府馳驛京兆奏上闕庭冀使未聞流布東夏運期從京遄達交阯告諸道俗蒙贈小絹數百

匹重詣訶陵報德智賢與會寧相見於是會寧方適西國比於所在每察風聞尋聽五天絕無蹤緒準

斯理也卽其人已亡春秋可三十四五矣。

運期師者交州人也與曇潤（一作閏）同遊仗智賢受具旋迴南海十有餘年善崑崙音頗知

梵語後便歸俗住室利佛逝國於今現在年可四（一作三）十矣。

木叉提婆者交州人也（原註唐云解脫天也）不閑本諱泛舶南溟經遊諸國到大覺寺徧禮

聖蹤於此而殞年可二十四五矣。

窺沖法師者交州人卽明遠室灑也梵名質呾囉提婆與明遠同舶而泛南海到師子洲向西印

度，見玄照師共詣中土到王舍城遘疾竹園，淹留而卒年三十許。

慧琰師者，交州人也即行公（註八）之室灑隨師到訶羅國（錫蘭）遂停彼國莫辨存亡。

智行法師者愛州人也梵名般若提婆（原註唐云慧天）泛南海詣西天徧禮尊儀至𤅫伽

（恆河）河北居信者寺而卒年五十餘矣。

大乘燈禪師者，愛州人也梵名莫訶夜那鉢地巳波（原註：唐云大乘燈也，）幼隨父母汎舶往杜和羅鉢底國方始出家後隨唐使郯緒相逐入京於慈恩寺法師玄奘處進受具戒居京數載，頗覽經書而思禮聖蹤情契西極遂越南溟到師子國觀禮佛牙備盡靈異過南印度復屆東天往耽摩立底國，既入江口遭賊破舶唯身得存後在俱尸城般涅槃而歸寂滅，於時年餘耳順矣。

彼岸法師，智岸法師並是高昌人也少長京師，傳燈在念既而歸心勝理遂乃觀化中天與使人曇潤法師相隨汎舶海中遇疾俱卒所將經論咸在室利佛逝國矣。

玉玄廓（註九）洛陽人也漸次南行，達於交阯泛舶南上期西印度至訶陵北渤盆國（註一〇）遇疾而終，年三十矣。

中國南洋交通史

六六

五四

義輝論師，洛陽人也，到郎迦戍國因疾而亡年三十餘矣（註二）

道琳法師者，荊州江陵人也梵名尸羅鉢頗（原註唐云戒光）欲尋流討源遠遊西國乃杖錫退逝鼓舶南溟越銅柱而屆郎迦歷訶陵而經裸國所在國王禮待極致殷厚經乎數載到東印度耽摩立底國……自爾之後不委何託。淨迴至南海羯荼（Kedah）國有北方胡至云有兩僧胡國逢見說其狀迹應是其人與智弘相隨擬歸故國聞爲途賊所擁還乃覆向北天年應五十餘矣。

曇光律師者，荊州江陵人也南遊溟渤望禮西天承已至訶利雞羅（Harikera）國在東天之東。年在盛壯不委何之。

慧命師者，荊州江陵人也汎舶以行，至占波，遭風而屢遭艱苦適馬援之銅柱息上景而歸唐。

善行師者，晉州人也淨之門人也。隨至室利佛逝，有懷中土旣染痾疾返棹而歸年四十許。

靈運師者，襄陽人也梵名般若提婆與僧哲同遊越南溟達西國於那爛陀畫慈氏眞容寶以歸唐。

僧哲禪師者，澧州人也泛舶西域，到三摩呾吒國住王寺淨來時聞尙在年可四十許僧哲弟子

玄遊者高麗國人也隨師於師子國出家，因住彼矣。

智弘律師者，洛陽人卽聘西域大使王玄策之姪也。與無行禪師同至合浦升舶長泛滄溟風便不通漂居上景覆向交州住經一夏旣至多末復往海濱神灣隨舶南遊到室利佛逝國自餘經歷具在行禪師傳內後聞與琳公爲伴不知今在何所。

無行禪師者，荊州江陵人也，梵名般若提婆（原註唐云慧天。）與智弘爲伴東風泛舶一月到室利佛逝國。國王見從大唐天子處來倍加欽上後乘王舶經十五日達末羅瑜洲又十五日到羯荼國，至多末轉舶西行，經三十日到那伽鉢亶那 (Nagapattana, Negapatam) 從此泛海，二日到師子洲觀禮佛牙從師子洲復東北泛海，一月到訶利雞羅 (Harikera, Karikal) 國此國乃是東天之東界卽贍部洲之地也。義淨見時春秋五十有六。

法振禪師者，荊州人也共同州僧乘悟禪師梁州乘如律師整帆上景之前鼓浪訶陵之北巡歷諸島漸至羯荼未久之間，法振遇疾而殞年可三十五六旣而一人斯委彼二情疑遂附舶東歸有望交阯覆至贍波（原註卽林邑國也）乘悟又卒贍波人至傳說如此而未的委獨有乘如言歸故里。

大津師者，灃州人也。永淳二年（六八三）振錫南海，爰初結旅，頗有多人，及其角立唯斯一遘。乃齎經像與唐使相逐泛舶月餘達尸利佛逝洲停斯多載解崑崙語頗習梵書。淨於此見遂遣歸唐，望請天恩於西方造寺遂以天授二年（六九一）（註二）五月十五日附舶而向長安附新譯雜經論十卷，南海寄歸內法傳四卷，西域求法高僧傳兩卷。

貞固律師者，鄭地榮川人也。梵名娑羅笈多，（原註譯為貞固）永昌元年義淨因風便還至廣州，所齎梵本盡在佛逝覓伴共往收取得固偕行是年十一月一日同附商舶共之佛逝後與義淨同返廣府。

貞固弟子一人俗姓孟名懷業，梵號僧迦提婆隨師共至佛逝，解骨崙語頗學梵書後戀居佛逝不返番禺。

道宏者梵名佛陀提婆（原註唐云覺天，）汴州雍丘人也俗姓靳。與義淨貞固等共至佛逝同還廣府。

法朗者梵名達磨提婆，（原註唐云法天，）襄州襄陽人也。隨義淨同越滄海經餘一月，屆乎佛

逝。學經三載，梵漢漸通往訶陵國，在彼經夏遇疾而卒（註一三）

右錄三十三人並經義淨著錄，尚有數人往來南海別見諸僧傳中，茲亦蒈錄如下：

那提三藏，此言福生，梵言則云布如烏伐邪，中印度人曾往執師子國又東南上棱伽山，南海諸國隨緣達化。承脂那東國盛傳大乘，乃搜集經律論五百餘夾，以永徽六年（六五五）創達京師。顯慶元年（六五六）敕往崑崙諸國採取異藥，既至南海諸王歸敬，為別立寺龍朔三年（六六三）還返慈恩，其年南海真臘國為那提素所化者奉敬無已思見其人合國宗師假途遠請乃云國有好藥唯提識之，請自採取。下敕聽往返迹未由（註一四）

跋日羅菩提，此云金剛智，南印度摩賴耶（Malaya）國人也。曾遊師子國登楞伽山泛海東行，歷佛誓裸人等二十餘國，開元七年（七一九）建於廣州開元二十年（七三二）卒於洛陽，壽七十一。

阿目佉跋折羅，此云不空金剛，省稱不空，北印度人也。幼隨叔父觀光東國年十五師事金剛智三藏，智歿空奉遺旨令往五天並師子國天寶元年（七四二）冬至南海郡及將登舟採訪使名誠

番禺界蕃客大首領伊習賓等曰：今三藏往南天竺師子國，宜約東船主好將三藏并弟子含光慧辯等二十七人國信等達彼，無令疏失，乃附崑崙舶離南海，經訶陵而達師子國。天寶五年（七四六）

還京。大歷九年（七七四）卒，春秋七十（註一五）

般剌若北印度迦畢試（Kapiśi）國人泛海東邁，垂至廣州，風飄卻返抵執師子國之東。又集資糧，重修巨舶遍歷南海諸國。建中元年（七八〇）至於廣州。

蓮華中印度人也。與元元年（七八四）杖錫謁德宗，乞鐘一口，歸天竺聲擊敕廣州鼓鑄畢，令送於南天竺金堆寺。華乃將此鐘於寶軍國毗盧迦那塔所安置。後以烏荼（Orissa）國王書獻支那天子（註一六）

慧日俗姓辛氏東萊人也。遇義淨三藏，心恆美慕，遂誓遊西域始者泛舶渡海，自經三載東南海中諸國崑崙佛誓師子洲等經過略遍，乃達天竺。在外總十八年方還長安（註一七）

右錄求法高僧傳續高僧傳宋高僧傳所載往來南海之僧人凡四十八茲姑舉其行程可考者，行程未詳者尚未計焉為諸傳所記行程大致與買耽廣州通海夷道合惟略其分道耳行程最詳者為

義淨道琳無行三傳義淨之行程發自廣州，歷佛逝末羅瑜羯荼裸人耽摩立底道琳發足地未詳，歷占波訶陵裸國耽摩立底；智弘無行發足合浦，暫住交州，復歷佛逝末羅瑜羯荼那伽鉢亶那等國又據諸傳綜考當時之發航地首廣州次交州，偶亦爲今合浦境內之舊治與欽縣境內之烏雷止航地或爲蘇門答剌島內之室利佛逝末羅瑜或爲印度南端之師子洲，或爲印度東岸之耽摩立底那伽鉢亶那，訶利雞羅至廣州與印度間所經諸港，則有交州，占波，馬來半島東岸之郎迦戍，爪哇島內之訶陵，蘇門答剌島內之室利佛逝末羅瑜馬來半島西岸之羯荼翠藍嶼中之裸人國昔之扶南後之眞臘，雖一見於布如烏伐邪傳似不復爲海舶維舟之地也。

此姑就僧人往來之行程言之，東西商賈所蒞之地，似不僅限於此。廣州爲通商之要港固不待論餘若交州，泉州，揚州甚至長江上游亦爲蕃舶所已經（註一八） 特不及廣州之盛耳（註一九）

（註一） 參看交廣印度兩道考五九至六二頁驩州通眞臘道。

（註二） 參看本書第五章。

（註三） 參看交廣印度兩道考九五至九六頁。

（註四） 見宋高僧傳卷一。

（註五）太平寰宇記卷一七七云：「金（疑爲室或舍之誤）利毗逝國在京西南四萬餘里，經旦旦國訶陵國摩訶新國，多隆國者埋國婆樓國多郎婆黃國摩羅逝（應是遊之誤）國，眞臘國林邑國四達賓州。」

（註六）參看費瑯崑崙及南海古代航行考三十至三六頁。

（註七）首先著錄黑身崑崙者似爲晉書卷三二孝武文李太后傳：「后爲宮人在織坊中形長而色黑宮人皆謂之崑崙。」此外關於崑崙之考證者可參看交廣印度兩道考六五至七四頁崑崙及南海古代航行考西域南海史地考證譯叢一八七至一八八頁。

（註八）殆指後條之智行法師。

（註九）王玄廓應是王玄策之訛，參看清華學報第八卷第一期王玄策事輯。

（註一〇）此渤盆國與南海寄歸傳之盆盆洲應爲一地。

（註一一）以上並見大唐西域求法高僧傳卷上。

（註一二）一作天授三年則爲六七二年矣。

（註一三）以上並見大唐西域求法高僧傳卷下。

（註一四）見續高僧傳卷五。

（註一五）以上並見宋高僧傳卷一又卷二十七有舍光傳。

（註一六）以上並見宋高僧傳卷三。

上編　第七章　唐代往來南海之僧人

七三

六一

（註一七）見宋高僧傳卷二十九。

（註一八）參看桑原隲藏中國阿剌伯海上交通史二一〇至二三〇頁武堉幹唐宋時代上海在中國對外貿易上之地位觀八至十九頁。

（註一九）元開撰唐大和尚東征傳（大正新修大藏經本）載天寶九年（七五〇）「廣州有婆羅門寺三所，並梵僧居住。江中有婆羅門波斯崑崙等舶不知其數並載香藥珍寶積載如山舶六七丈師子國大石國骨唐國白蠻赤蠻等往來居住種類極多。」資治通鑑卷二三四貞元八年（七九二）六月「……嶺南節度使奏近日海舶珍異多就安南市易，欲遣判官就安南收市乞命中使一人與俱上欲從之陸贄上言以爲遠國商販惟利是求綏之斯來擾之則去。廣州素爲衆舶所湊令忽改就安南若非侵刻過深則必招攜失所曾不內訟更蕩上心況嶺南安南莫非王土中使外使悉是王臣豈必信嶺南而絕安南重中使以輕外使所奏望寢不行。」（參看陸宣公奏議卷十八）

第八章　宋代之南海

宋代載籍首先著錄南海之行程者，厥爲宋史卷四八九注輦傳載大中祥符八年（一〇一五）注輦國使臣娑里三文所歷之航路其文曰「三文離本國舟行七十七晝夜歷郍勿丹山（Nagapatana?）娑里西蘭山（Soli Silan?）至占賓國又行六十一晝夜歷伊麻羅里山至古羅國國有古羅山因名焉又行七十一晝夜歷加八山占不牢山寶龍山至三佛齊國又行十八晝夜度蠻山水口歷天竺山至賓頭狼山望東西王母塚距舟所將百里又行二十晝夜度羊山九星山至廣州之琵琶洲離本國凡千一百五十日至廣州焉」

注輦梵名 Cola，阿剌壁文作 Culiyan，當時譯名不作朱羅而作注輦殆從阿剌壁語而悉其國名也唐譯亦作珠利邪。（註一）是乃南印度之古國與般茶(Pandya)並屬達羅毘荼(Dravida)種。（註二）紀元前拔羅婆（Pallava）朝興併此二國建都於建志補羅（Kancīpura），漢代所通

之黃支應是此國。（註三）　七世紀以來披羅婆常與西方遮婁其（Calukya）朝爭戰，國勢逐衰。

（註四）　九世紀初年注輦復與十世紀初年戰勝摩訶剌侘（Mahārāstra）之遮婁其王大拓疆域一

〇一三至一〇三五或一〇四二年間在位之王名羅闍因陀羅朱羅提婆 1 世（Rājendra Cola-

deva I）曾兼併烏荼（Orissa）白古（Pegu）滿剌加（Malaka）兵力所加且至蘇門答剌島之

室利佛逝國榜葛剌（Bengale）灣之地咸隸其版圖。（註五）當時入貢之注輦王或指此王，然宋史

載其國主名羅茶羅乍則爲前王 Rajaraja　矣此王在位年始九八五終一〇一二或一〇一三足

證貢使在道延滯之時甚久千一百五十日始達廣州，非僞言也。

貢使所歷之地今可考者，注輦是 Coromandel，古羅或是馬來半島之 Kra，三佛齊即蘇門

答剌島之 Palembang，天竺山即馬來半島東西海中之 Pulaw Aor，賓頭狼即昔之 Pandur-

anga，今安南之藩籠省。（註六）

宋代私人撰述所言南海最詳者，則爲周去非之嶺外代答。去非字直夫，永嘉人卷首自序題淳

熙戊戌冬十月五日則成書時在一一七八年矣卷二海外諸蕃國條云：

「諸蕃國大抵海爲界限各爲方隅而立國國有物宜各從都會以阜通正南諸國，三佛齊(Palembang)其都會也東南諸國，闍婆(Java)其都會也西南諸國浩乎不可窮近則占城(Campa)，

眞臘(Kamboja)爲窣裏諸國之都會遠則大秦(註七)爲西天竺諸國之都會又其遠則麻離拔

(Malabar)國爲大食(Abbassides)諸國之都會又其外則木蘭皮(Murābit指西班牙南部與

非洲北部)國爲極西諸國之都會三佛齊之南南大洋海也海中有嶼萬餘人奠居之，愈南不可通

矣。闍婆之東東大洋海也水勢漸低，女人國在焉愈東則尾閭之所泄非復人世稍東北向則高麗百

濟耳。西南海上諸國不可勝計其大略亦可考姑以交阯定其方隅：直交阯之南則占城眞臘佛羅安

(Beranang 在馬來半島南部)也交阯之西北則大理黑水吐蕃也於是西有大海隔之是海名

曰細蘭(Sīlan卽錫蘭)，細蘭海中有一大洲名細蘭國渡之而西復有諸國其南爲故臨(Kūlam,

Quilon)國其北爲大秦國王舍城天竺國又其西有海曰東大食海渡之而西則大食諸國也大食

之地甚廣其國甚多不可悉載又其西有海名西大食海渡之而西則木蘭皮諸國凡千餘更西則日

之所入不得而聞也」(註八)

又卷三航海外夷條云：「今天下沿海州郡，自東北而西南其行至欽州止矣。沿海州郡類有市舶，國家綏懷外夷於泉廣二州置提舉市舶司。故凡蕃商急難之欲赴愬者，必提舉司也。歲十月，提舉司大設蕃商而遣之。其來也當夏至之後提舉司征其商而覆護焉。諸蕃國之富盛多寶貨者，莫如大食國。其次闍婆國，其次三佛齊國，其次乃諸國耳。三佛齊國者，諸國海道往來之要衝也；三佛齊之來也，正北行，舟歷上下竺(Pulaw Aor)與交洋(交阯灣)乃至中國之境。其欲至廣者，入自屯門，欲至泉州者入自甲子門。闍婆之來也，稍西北行舟過十二子石(Karimata)而與三佛齊海道合於竺嶼之下。大食國之來也以小舟運而南行至故臨(Quilon)國，易大舟而東行至三佛齊國復如三佛齊之入中國。其他占城真臘之屬，皆近在交阯洋之南，遠不及三佛齊國闍婆之半，而三佛齊閣婆又不及大食國之半也。諸蕃國之入中國，一歲可以往返唯大食必二年而後可。大抵蕃舶風便而行，一日千里，一遇朔風爲禍不測幸泊於吾境猶有保甲之法，苟泊外國則人貨俱沒。若夫默伽(Mekka)國勿斯里(Misr 今埃及)等國其遠也不知其幾萬里矣。」

又卷二三佛齊國條云「三佛齊(Palembang)國在南海之中諸蕃水道之要衝也東自閣

婆諸國，西自大食之故臨諸國無不由其境而入中國者。

又同卷閣婆國條云：「閣婆（Java）國又名莆家龍（Pekalongan），在海東南，勢下故曰下岸。廣州自十一月十二月發舶，順風連昏旦一月可到。」

又同卷故臨國條云：「故臨（Quilon）國與大食國相通，廣舶四十日到藍里（Lāmurī 在蘇門答剌島西北角，即後之南巫里）住冬，次年再發舶，約一月始達其國。」

又同卷注輦國條云：「注輦（Coromandel）國是西天南印度也。欲往其國當自故臨國（Quilon）易舟而行。」（註九）

卷三大食諸國條云：「有麻離拔（Malibar, Malabar）國，廣東自中冬以後發船乘北風行，約四十日到地名藍里（Lāmurī）……至次冬再乘東北風六十日順風方到。……元祐三年（一〇八八）十一月大食麻囉拔國遣人入貢即此麻離拔也。」

又同卷云：「大食國西有巨海，海之西有國不可勝計大食巨艦所可至者木蘭皮（Murābiṭ）國爾。蓋自大食之陁盤地國（註一〇）發舟正西涉海一百日而至」

又同卷西天諸國條云:「其地之西有東大食海,越之而西則大食諸國也,其地之南有洲名曰細蘭(Sīlan, Ceylan)國,其海亦曰細蘭海。」

周去非後詳記海國事者有諸蕃志,趙汝适提舉福建路市舶時所作,乃親詢海國之事於賈胡,復雜採史傳類書及前人撰述而成者也,所探錄者以嶺外代答之記載爲最多,前有自序(註一一)後題寶慶元年九月日朝散大夫提舉福建路市舶趙汝适序,則其書成於一二二五年矣,所記既出耳聞非本親歷,故所述諸國編次先後漫無條理,然其記事在宋史之前,頗足以資參證,玆僅取其所記之海國地名考其現在方位。(註一二)列舉之先後,自東而西首列大陸沿岸諸國邑,次列海中諸島。

(一)占城,今安南中圻,土名占波(Campa)國,國都號新州,今歸仁也,屬國有舊州、烏麗、日麗、越裏、微芮、賓瞳龍、烏馬拔、弄容、蒲羅甘兀、亮寶毗齊。舊州在今茶蕎,賓瞳龍乃梵名 Pāṇḍuraṅga 之對音,今藩籠省地,餘皆無考。

(二)眞臘「接占城之南,東至海,西至蒲甘(Pagan),南至加羅希(Grahi),自泉州舟行順風月餘日可到,其地約方七千餘里,國都號祿兀(Angkor)」(註一三)「登流眉,波斯蘭,羅斛,三濼,

八〇

真里富麻羅間，綠洋吞里富蒲甘窳裏西棚杜懷溥番皆其屬國也」準是觀之宋時之真臘較今東

埔寨（Kamboja）之地爲廣躰躰（Lavo）蒲甘既爲其屬國而國境南至加羅希則據有退羅編

甸之南部與馬來半島之北部矣。

（三）登流眉國。「在真臘之西」舊考位置此國於馬來半島之 Ligor，疑爲宋史丹眉流

之倒誤，然則與單馬令爲一國矣。

（四）單馬令國梵名 Tāmbraliṅga 之對音也又曰囉亭國，Yirudiṅgan 之對音也在

加羅希之南。

（五）凌牙斯國（註一四）即古之狼牙修，「自單馬令風帆六晝夜可到亦有陸程」此國亦在

馬來半島已見前考。

（六）佛囉安國「自凌牙斯加四日可到，亦可遵陸。」其鄰蓬豐（Pahang）登牙儂（Tren-

ganu）吉蘭丹（Kelantan）」舊考此國在 Beranang 地處馬來半島西部。

（七）蒲甘國即今 Pagan。據大食人之記載此國之境界與榜葛剌（Bengale）迦摩縷波

（Assam）兩國爲鄰。

（八）注輦國梵文作 Cola，阿剌壁語作 Cūligyān 又作鎖里（Suli）又作馬八兒（Ma-abar）葡萄牙文作 Choromandel，荷蘭文作 Coromandel 附見之鵬茄囉國應是明代之榜葛剌（Bangala, Bengale）。此國古稱鴦伽（Anga）（註一五）一轉爲 Vanga，再轉爲今名 Bangala。

（九）南毗國「在西南之極，自三佛齊便風月餘可到。」舊考謂南毗即麻囉抜（註一六）一帶，而南毗是 Namburi（註一七）之對音。「故臨、胡茶辣甘琶逸弼離沙麻囉華馮牙囉麻哩抹都奴何哩嗒嗽囉囉哩皆其共種國也其國最遠番舶罕到」案故臨指 Kūlam（Quilon），胡茶辣指 Guzerat，甘琶逸指 Cambay，大食語名 Kambāyat，麻囉華指 Malava（Malwa）馮牙囉或爲 Mangalore；麻哩抹或爲 Malabar，弼離沙未詳麻哩抹以下國名應有訛誤要必包括有明代載籍著錄之下里（Hili）狠奴兒（Honore）二國。「故臨國自南毗舟行順風五日可到。泉舶四十餘日到藍里住冬至次年再發一月始達……每歲自三佛齊（Palembang）監篦（Kāmpar)吉陀 (Kedah) 等國發船博易。」

（十）胡茶辣國卽 Guzerat，大唐西域記卷十一之瞿折羅國也。

（十一）弼斯囉國卽 Basra，賈耽之末羅也。

（十二）甕蠻國今 Oman 也。

（十三）麻嘉國今 Mekka 也。

（十四）層拔國非洲沿岸之 Zanzibar 也。

（十五）弼琶囉國卽 Berbera，今 Somali 沿岸也。

以上皆爲南海及印度洋沿岸之陸地國名以下爲島國。

（十六）三嶼「乃麻逸 (Mait) 之屬曰加麻延巴姥酉巴吉弄等各有種落散居島嶼舶舟至則出而貿易，總謂之三嶼。」案麻逸指菲律賓，加麻延應是 Calamian；巴姥酉疑爲巴老萬之誤，則爲 Palawan 之對音與此二島相鄰之大島祇有 Busuanga 可以當之，則巴吉弄傳寫亦有訛誤矣。

上編　第八章　宋代之南海

（十七）麻逸國「在渤泥之北。」案渤泥指 Borneo，麻逸是 Mait 之對音猶言黑人之國，指菲律賓羣島中之 Mindaro 島。「三嶼白蒲延（Babuyan），蒲里嚕（Polillo），里銀東流新里漢等皆其屬也。」諸屬地中祇有兩名可考餘名應有訛誤其中或有呂宋（Luzon）之古譯也。

（十八）渤泥國「在泉之東南去闍婆（Java）四十五日程去三佛齊（Palembang）四十日程，去占城（Campa）與麻逸（Mindaro）各三十日程皆以順風爲則」渤泥卽 Borneo 核以距離王居應在島之東北，殆爲 Brunéi 歟？附見之馬㗻居島應是明史之美洛居（Maluccas）羣島。

（十九）闍婆國「又名莆家龍（Pekalongan），於泉州爲丙巳方率以冬月發船蓋藉北風之便，順風晝夜行月餘可到東至海水勢漸低女人國在焉東則尾閭之所泄非復人世泛海半月至崑崙國（Goron?）。南至海三日程泛海五日（注一八）至大食國西至海四十五日程北至海四日程。西北泛海十五日至渤泥國，又十日至三佛齊國又七日至古邏國又七日至柴歷亭抵交趾達廣州。」案莆家龍在今爪哇島北岸當時商舶所聚或國王所居疑在此處。

（二十）蘇吉丹「卽闍婆之支國，而接新拖（Sunda）東連打板（Tuban）」此國應在爪哇

島之中部，然亦有考證其為 Sukadana. 之對音而位置在渤泥島北部或蘇門答剌島之東北者。

屬國中可考者曰打板（Tuban）曰戎牙路（Jangala）曰麻篱（Bali），曰底勿（Timor）丹戎武囉

亦作丹重布囉，乃梵語 Tonjongpura 之對音爪哇人以名渤泥島，然南海中以此為名者甚衆未

能必其是也屬國中之芭離疑是麻篱之同名異譯；孫他疑是新拖之同名異譯；故論疑是崑崙之同

名異譯。

（二十一）新拖國似在爪哇西部。

（二十二）三佛齊「間於眞臘闍婆之間（註一九）管州十有五在泉之正南冬月順風月餘方

至淩牙門（Liṅga）」「蓬豐（Pahang）登牙儂（Trenganu）淩牙斯加 Laṅkāsuka 吉蘭丹

（Kelantan）佛羅安（Beranang）日羅亭（Yirudiṅgan）潛邁（Khmer?）拔沓（Battaks）

單馬令（Tambraliṅga）加羅希（Grahi）巴林馮（Palembang）新拖（Sunda）監篦（Kāmpar）

藍無里（Lāmuri）細蘭（Ceylan）皆其屬國也」（註二〇）「東接戎牙路」「原註云或作重迦

盧（Jangala）」案戎牙路昔在爪哇東部，今蘇兒把牙（Surabaya）區內。

（二十三）監篦國「其國當路口舶船多泊此從三佛齊國風帆半月可到。舊屬三佛齊，後因爭戰，遂自立爲王……五日水路到藍無里國。」案此國卽爪哇史書中之 Kămpe 今之 Kămpar。

（二十四）藍無里國「北風二十餘日到南毗管下細蘭國」。案此國昔在蘇門答剌西北哑齊(Achin)岬附近昔日海舶必經之要港也。大食人昔稱蘇門答剌全島爲 Al-Ramni，舊譯藍里或本於此。

（二十五）晏陀蠻國「自藍無里去細蘭國，如風不順，飄至一所地名晏陀蠻海中有一大嶼，內有兩山一大一小」案 Andaman 島之名首見於此。

（二十六）細蘭國「自藍無里風帆將至其國，必是電光閃爍，知是細蘭也。……歲進貢於三佛齊」案師子國之別名 Sīlan，舊譯名似以此細蘭爲最古附見之細輪疊山亦錫蘭山之別譯，蓋從大食語名 Sirandib 轉出者也(註二)

（註一）見大唐西域記卷十。

（註二）Drāviḍa 亦作 (Dramiḍa)，轉作 (Damiḷa) 故今此族曰(Tamil) 或 Tamoul 也。

（註三）參看本書上編第一章。

（註四）舊唐書卷一九八天竺傳云天授二年（六九一）册府元龜卷九七〇作天授三年）南天竺王遣嬰其拔婆娑㗚來朝郎指此國也。

（註五）見 Tanjore 此王紀功碑參考 Epigraphia Indica 第九至十一卷（一九〇七至一九一二年刊）。

（註六）參看費瑯蒿崙及南海古代航行考漢譯本一〇五至一一〇頁。

（註七）此處大秦疑指南印度之 Dakṣiṇāpatha，此言南土今作（Dekhan）者是已。

（註八）去非所聞似不盡為大食人之說去非百餘年前報達（Bagdad）入馬蘇的 Mas'ūdī 撰金珠原（一八六一年法文譯本）謂自西至東有七海曰波斯海郎今波斯灣曰剌兒海（Lārwī）郎今阿剌壁海曰哈兒康海（Harkand）郎今榜葛剌（Bengale）灣曰箇羅海（Kalab）郎今馬來半島東岸與晏陀蠻（Andaman）翠藍嶼（Nicobar）羣島間之海曰軍徒弄海（Kundrang）指暹羅灣曰占波海指南海西部曰漲海（Cankhay）指今南海東部。去非所謂東大食海乃指阿剌壁海西大食海殆指地中海矣。

（註九）觀此足見當時注輦無舟直達中國須繞道而至故臨然則注輦使臣娑里三文所歷之娑里西闌山得為錫闌山，而娑里二字應是阿剌壁語名注輦人之別稱 Ṣulī 之對音郎瀛涯勝覽所謂鎖里者是已十一世紀上半葉中注輦王曾侵入錫闌奪取般茶國寶物因名錫闌曰娑里西闌表示其為屬國歟？

（註一〇）陀盤地國無考傳寫應有訛誤當時波斯灣之海港有 Ubollah, Basra, Sīrāf, 諸港而宋代來中國之商人以來自 Sīrāf 港者爲最多。程史卷十一謂：泉州蕃客有名尸羅圍者諸蕃志卷上大食國條謂有番商曰施那韓大食人也皆人以地名參看桑原隲藏撰唐宋貿易港研究一七至四六頁。

（註一一）此序函海本及學津討源本並闕惟見藝風藏書記卷三略云「汝适秘命此來暇日閱諸蕃圖有所謂石床長沙之險交洋竺嶼之限問其志則無有焉遒詢諸賈胡俾列其國名道其風土與夫道里之聯屬山澤之蓄產譯以事言萃其穢濮存其事實名曰諸蕃志。」

（註一二）德國 F. Hirth 同美國 W. W. Rockhill 有合譯本寫以英文一九一二年在聖彼得堡出版。惟譯本考證不無舛誤玆僅擇取其可從者著於篇。

（註一三）參看西域南海史地考證譯叢一二〇至一二二頁。

（註一四）後亦作凌牙斯加古爪哇語對音作 Laṅgkāsuka。

（註一五）鳶伽國名見正法念處經參看烈維正法念處經閻浮提洲地誌勘校錄十頁。

（註一六）大唐西域記卷十秣羅矩吒 (Malakuṭa)「國南濱海有秣刺邪 (Malaya) 山。」其地因山得名故梵名秣刺邪婆羅 (Malayavāra) 猶言秣刺邪國大食人轉爲 Malaya-bār，歐羅巴人又省稱爲 Malabar，印度西岸之稱也。

（註一七）瀛涯勝覽柯枝 (Cochin) 條云「國有五等人一等名南崑」此南崑在張昇改訂本中作南毘則爲國中一

階級之稱矣。

（註一八）五日泛海至大食應有脫文否則此大食應指南海中之一大食國。

（註一九）案三佛齊即室利佛逝時與眞臘分領馬來牛島之南北兩部故此云間於眞臘闍婆之間。

（註二〇）參看費瑯蘇門答剌古國考八至十一頁。

（註二一）細蘭國無專條此條附見藍無里國後。

第九章　元代之南海

元代海上交通頻繁盛時至聲泉州、上海、澉浦、溫州、廣東、杭州、慶元市舶司七所以通諸番貨易，往來不絕於道，皆非前代之所能及也。惟交通之事不盡經載籍著錄，茲僅取其重大者述之（一）楊庭璧之使馬八兒俱藍等國；（二）史弼等之征爪哇；（三）周達觀之隨使招諭真臘；（四）汪大淵之附舶歷遊南海。

（註一）復用兵於安南緬甸占城爪哇諸國使臣往來不絕於道，皆非前代之所能及也。

世祖至元間行中書省左丞唆都等奉璽書十通招諭諸番未幾占城（Campa）馬八兒（Ma-abar, Coromandel）國俱奉表稱藩餘俱藍（Kūlam, Quilon）諸國未下行省議遣使十五人往諭之帝曰非唆都等所可專也若無朕命不得擅遣使。十六年（一二七九）十二月，遣廣東招討司達魯花赤楊庭璧招俱藍十七年（一二八〇）三月至其國國主令其弟書回回字降表附庭璧以進約來歲遣使入貢。十月授哈撒兒海牙俱藍國宣慰使，偕庭璧再往招諭十八年（一二八一）

正月自泉州入海，行三月抵僧伽那山（Singhala, Ceylan）舟人以阻風乏糧勸往馬八兒國，或可

假陸路以達俱藍國從之。四月至馬八兒國新村馬頭登岸其國宰相私言今算彈（Sultan）兄弟

五人皆聚加一（Cail, Kayal）之地議與俱藍交兵及聞天使來對眾稱本國貧陋此是妄言凡回

回國金珠寶貝盡出本國其餘回回盡來商賈此間諸國皆有降心若馬八兒既下我使人持書招之，

可使盡降時哈撒兒海牙與庭璧以阻風不至俱藍遂還哈撒兒海牙入朝計事期以十一月俟北風

再舉至期朝廷遣使令庭璧獨往十九年（一二八二）二月抵俱藍國，主及相迎拜璽書三月遣

其臣入貢時也里可溫（ärkä'ün）兀咱兒撒里馬及木速蠻（musulman）主馬合麻等亦在其

國聞詔使至皆相率來告願納歲幣遣使入覲會蘇木達（Sūmŭtra）國亦遣使因俱藍主乞降庭璧

皆從其請四月還至那旺國（Nicobar?）庭璧復說下其主至蘇木都剌（Sūmŭtra）國主亦納

款，遣其臣入朝二十年（一二八三）馬八兒國遣使入朝五月將至上京帝即遣使迓諸途二十三

年（一二八六）海外諸蕃國以楊庭璧奉詔招諭至是皆來降諸國凡十日馬八兒（Ma'abar）曰

須門那（Sūmanāt）曰僧念里（Cranganore）曰南無力（Lāmurī）曰馬蘭丹曰那旺（Nicobar?），

曰丁呵兒（Trenganu），曰來來（Laṭa, Lar），曰急蘭亦觕（Kelantan?），曰蘇木都剌（Sumūtra）遣使貢方物（註二）。

元代用兵海外諸蕃惟爪哇之役為大。初室利佛逝國勢強時南海諸國多為屬國爪哇島西部久在役屬之列島中諸土酋多徙處東部。九二五年前後土酋名蒲辛多（Mpu Sindok）者在今Brantas境內首建一重要王國傳至一〇三五年頃後裔名愛兒棱加（Airlaṅga）者在位時分國於二子一曰戎牙路（Jaṅgala），在今蘇兒把牙（Surabaya）一帶一曰葛的里（Kediri）亦稱答哈（Daha）。十三世紀初年有酋長名更安格羅（Ken Angrok）者奪據戎牙路國土一二二二年時又併葛的里國建設杜馬班（Tumapel）王國末王葛達那加剌（Kertanagara）時驅室利佛逝人於島外並佔據蘇門答剌島一二九二年葛的里總督札牙迦端（Jayakatwan）叛殺杜馬班王，元世祖適在斯時用兵爪哇（註三）

至元二十九年（一二九二）二月，世祖因爪哇黥詔使孟琪面詔福建行省除史弼亦黑迷失高興平章政事征爪哇弼總軍事亦黑迷失總海道事會福建江西湖廣三行省兵凡二萬發舟千艘，

給糧一年。十一月三省軍會泉州，十二月自後渚啓行風急濤湧舟掀簸士卒皆數日不能食過七洲

洋萬里石塘軍次占城，先遣使諭降南巫里（Lāmurī）速木都剌（Sumūtra）不魯不都（Pulo

Buton?）八剌剌（Perlak）諸小國明年（一二九三）正月至東董西董山牛崎嶼入混沌大洋，

橄欖嶼假里馬答（Karimata）勾闌等山（註四）駐兵伐木造小舟以入時爪哇國王葛達那加剌

之土罕必闍耶）攻札牙迦端不勝，退保麻喏八歇（Majapahit）（註五）史弼等進至杜並（Tuban）

已爲札牙迦端（元史作葛郎主哈只葛當）所殺王婿羅登必闍耶（Raden Vijaya）（即元史

（註六）分軍下岸水陸並進弼率水軍自杜並由戎牙路港口至八節澗（Pachekan?）高興亦黑迷

失等率馬步軍自杜並陸行遣軍乘鑽鋒船由戎牙路於麻喏八歇浮梁前進赴八節澗羅登必闍耶

遣使以其國山川戶口及地圖迎降求救三月一日會軍八節澗，上接杜馬班王府下通莆奔大海，

乃爪哇咽喉必爭之地分軍鎮之大軍方進，羅登必闍耶遣使來告札牙迦端追殺至麻喏八歇請官

軍救之同月七日札牙迦端兵三路攻羅登必闍耶八日黎明亦黑迷失等迎敵於西南不遇高興等

由東南路與敵戰殺數百人餘奔潰山谷日中西南路敵又至與再戰至晡又敗之十五日分軍爲三

道，伐葛的里期十九日會答哈，聽礮聲接戰水軍泝流而上，亦黑迷失等由西道與等由東道進，羅登

必闍耶軍繼其後。十九日至答哈，國主以兵十餘萬交戰自卯至未連三戰敵敗奔潰擁入河死者數

萬人殺五千餘人；國主入內城拒守官軍圍之且招其降是夕國主出降撫諭令還四月二日遣羅登

必闍耶還其地具入貢禮以萬戶二八率兵二百護送十九日羅登必闍耶背叛逃去留軍拒戰乘大

軍還夾路攘奪弼自斷後且戰且行三百里二十四日得登舟舟行六十八日夜達泉州士卒死者

三千餘人得札牙迦端妻子官屬百餘人俘獲金寶香布直五十餘萬並南沒理(Lâmuri)國所上

金字表及金銀犀象等物進獻。(註七) 元軍既還羅登必闍耶建立麻喏八歇帝國迄於十五世紀末

年斥地至於蘇門答剌馬來半島與馬來羣島東部諸地(註八)。

真臘卽今之柬埔寨(Kamboja)古之扶南元代似未入貢中國中國曾屢遣使招諭其王歸附。

元史卷十六至元十八年(一二八一)十月詔諭干不昔國來歸附元史卷十七至元史卷二一〇至

元十九年(一二九二)七月，阿里(Ali)願自修船同張存從征爪哇軍往詔占城干不察元史卷二十九年

元十九年(一二八二)十二月招真臘國使速魯蠻(Sulayman)請往招諭占城案干不昔干不

察並是 Kamboja 之同名異譯，至元十八年（一二八一）之使臣疑卽速魯蠻，此招諭眞臘事之

見諸紀傳者也，元貞元年（一二九五）六月，成宗又遣使招諭眞臘，有周達觀者從行，次年發明州，

大德元年（一二九七）使還，達觀記所聞見而成眞臘風土記一書，元史未立眞臘傳，是年遣使事

亦未見本紀著錄，此記可補元史之佚闕也。全書凡四十則，茲僅錄總敍於後。

「眞臘國或稱占臘，其國自稱曰甘孛智（Kamboja）今聖朝按西番經名其國曰澉浦只，蓋

亦甘孛智之近音也。自温州開洋行丁未針歷閩廣海外諸州港口過七洲（Paracels）洋經交趾

（Tonkin）洋到占城又自占城順風可半月到眞蒲乃其境也，又自眞蒲行坤申針過崑崙（Pulo-

Condor）洋入港，港凡數十惟第四港（Mytho）可入其餘悉以沙淺故不通巨舟然而彌望皆

脩籐古木黃沙白葦倉卒未易辨認，故舟人以尋港爲難事，自港口北行順水可半月，抵其地曰查南

（Kampon Chnan），乃其屬郡也。又自查南換小舟順水可十餘日過半路村佛村（Porsat）渡淡

洋（Toulé-sap）可抵其地曰干傍（Kampon）取城五十里按諸蕃志稱其地廣七千里其國北抵

占城半月路西南距暹羅半月程南距番禺（註九）十日程其東則大海也舊爲通商來往之國聖朝

誕膺天命奄有四海曖都元帥之置省占城也嘗遣一虎符百戶一金牌千戶同到本國竟爲拘執不返。元貞之乙未（一二九五）六月，聖天子遣使招諭俾余從行以次年丙申（一二九六）二月離明州二十日自溫州港口開洋三月十五日抵占城中途逆風不利秋七月始至遂得臣服至大德丁酉（一二九七）六月回舟八月十二日抵四明泊岸其風土國事之詳雖不能盡知然其大略亦可見矣」（註一〇）

元人南海行紀今傳世者僅有汪大淵島夷志略一書。大淵字煥章南昌人始末未詳據卷首至正己丑（一三四九）三山吳鑒序，知其人在至正時常附海舶浮海越數十國紀所聞見而成此書。此書久無刻本今所見者有三本：一爲四庫全書所錄之天一閣本一爲丁氏善本書室本一爲知服齋叢書本並錯訛難讀今人註釋者有三家：一爲沈曾植之島夷志略廣註一爲日本人藤田豐八之島夷志略校注一爲美國人 Rockhill 之譯註（見一九一四年通報）然皆不無疏舛全書著錄之島夷凡九十九條茲僅著錄南海中今地之可考者於後其考證訛誤者不錄。

三島即諸蕃志之三嶼在今菲律賓羣島中。

也。

麻逸亦見諸蕃志文獻通考四裔考闍婆條作摩逸乃 Mait 之對音，今 Mindoro 島之故名

龍涎嶼殆指今之 Bras 島。

交阯，今安南北坼及中坼北部。

占城，今安南中坼及南坼地。

民多朗鷹是嶺外代答之賓陀陵，在賓童龍附近。

賓童龍，嶺外代答作賓瞳朧，皆是 Pāṇḍuraṅga 之對音，今安南藩籠省地也。

眞臘，今柬埔寨。

丹馬令即諸蕃志之單馬令，Tāmbraliṅga 之對音，在馬來半島南部。

麻里嚕疑是諸蕃志之蒲里嚕或指呂宋本島東岸之 Polillo，然未能必其是也。

彭坑，即諸蕃志之蓬豐今馬來半島之 Pahang。

吉蘭丹並見諸蕃志今馬來半島之 Kelantan。

丁家廬諸蕃志作登牙儂，今馬來半島之 Trenganu。

羅斛今暹羅南部之 Lophuri。

八節那間應是元史爪哇傳之八節澗，那字疑衍。

三佛齊應指 Jambi，在蘇門答剌島中。

渤泥，首見樊綽蠻書宋史作勃泥諸蕃志作渤泥，一作佛泥今 Borneo。

暹今暹羅北部。

滿者伯夷，均 Majapahit 之同名異譯。

爪哇今爪哇島本條之門遮把逸，卽元史爪哇傳之麻喏巴歇，史弼傳之麻喏八歇，瀛涯勝覽之

重迦羅諸蕃志並作戎牙路（Jaṅgala）。本條之杜瓶諸蕃志作打板元史爪哇傳作杜並足今

Tuban。

文誕疑是 Bandan 之對音指今 Banda。

蘇祿指今 Sulu，蘇祿譯名首見此書。

龍牙犀角，梁書作狼牙脩，諸蕃志作凌牙斯加，此外尚有其他譯名，並是 Laṅkāsuka 之對音，在今馬來牛島北部。

舊港，諸蕃志作巴林馮，今 Palembang。

班卒諸蕃志作賓窣皆 Pansūr 或 Fansūr 之譯名，在今蘇門答剌之 Barus。

假里馬打元史弼傳作假里馬答今 Karimata。

文老古明譯作美洛居今 Moluccas，此島名首見於是書。

古里地悶疑是吉里地悶之誤乃 Gili Timor 之對音吉里猶言島也。

龍牙門諸蕃志作凌牙門 (Linga)，星加坡之舊海岬也單馬錫 (Tumasik) 卽星加坡之舊稱。

崑崙山又名軍屯山卽 Pulo Condore。

東西竺卽 Pulo Aor，此言竹島。

急水灣在啞齊 (Acheh, Achin) 附近。

淡洋今 Tamyang，元史世祖至元三十一年本紀作毯洋。

須文答剌元史作速木都剌（Sūmūtra），今 Pasē 河上之 Samudra 村。

僧加剌元史作信合納，皆 Singhala 之同名異譯今錫蘭島也。

勾欄山元史作勾闌今 Gelam。

班達里元史卷九四市舶條禁海商以細貨於馬八兒（Ma'bar）唄喃（Kūlam）梵答剌亦納與班達里皆同名異譯國在印度西岸。

（Fandaraina）三番國交易，此梵答剌亦納（Fandaraina）三番國交易，此梵答剌亦

唄喃哩，諸蕃志作藍無里，元史作南巫里，皆 Lambri 或 Lāmurī 之對音。

北溜卽 Maldives 羣島，瀛涯勝覽作溜山國。

下里卽 Hili，在今印度西岸之 Cannanore，其城今已無存。

高郎步在小唄喃條中作高浪阜，均 Colombo 之對音。

大佛山界於迅里（Galle）高郎步（Colombo）之間應是今之 Dondera Head。

須文那元史馬八兒傳作須門那，卽 Sumānāt 今 Somnath。

小唄喃卽 Kūlam 今 Quilon。

古里佛，即明史之古里，今 Calicut。

朋加剌，即 Bangala (Bengal)，明史作榜葛剌。

萬年港，疑即渤泥 (Borneo) 島中之 Brunei，明史作文萊。

馬八兒，即 Ma'bar 今 Coromandel。

天堂，西使記作天房國即默伽 (Mekka)。

層搖羅應從沈氏廣證之說改作層拔羅，即諸蕃志之層拔國今非洲沿岸之 Zangibar 也。

甘埋里，疑指印度南端之 Comari，梵文原作 Kumari。

羅婆斯殆指今之翠藍嶼 (Nicobar) 大食人名此島曰 Laṅgabālūs，藤田謂羅婆斯疑爲婆羅斯 (Bālūs) 之倒誤亦足以備一說。

烏爹殆爲西域記之烏荼 (Udra) 今之 Orissa 也。

（註一）見元史卷九十四市舶門。

（註二）見元史卷二一〇馬八兒等國傳。

（註三）見 Grousset, Histoire de l'Extrême-Orient, t. I, pp. 158—159

（註四）此 勾闌山 疑是 Gelam 之對音。

（註五）此廟晤八歇在蘇兒把牙之西南葛的里之東北後土罕必闍耶建國卽以此地爲國名瀛涯勝覽作滿者伯夷。

（註六）元史爪哇傳作杜並足字疑衍。

（註七）參看元史卷一三一亦黑迷失傳又卷一六二史弼高興傳，卷二一〇爪哇傳。

（註八）見本章註三引還東史第一册一五九至一六〇頁。

（註九）番禺二字疑誤抑有脱文。

（註一〇）參看史地叢考續編四八至一〇四頁眞臘風土記箋註西域南海史地考證譯叢續編一三三至一三九頁眞臘風土記補註。

第十章　鄭和之下西洋

今日南海以西之地，今名曰印度洋或南洋者昔概稱曰南海或西南海，惟於暹羅灣南之海特名曰漲海而已。（註一）至於明初則名之曰西洋，故明史卷三二三婆羅傳云：「婆羅（Borneo）又名文萊（Brunei）東洋盡處，西洋所自起也」耶穌會士東來，又名歐羅巴洲或葡萄牙國為大西洋，印度或臥亞（Goa）曰小西洋自古迄今其名凡三變明初洪武永樂間奉使西洋之行人中官為數甚眾，而其名最顯者則為鄭和卽俗傳三寶太監或三保太監者是已。（註二）

和姓馬氏世為雲南崑陽州人其先殆為元初從西域徙居雲南者，永樂時賜姓鄭，為內官太監。（註三）成祖欲耀兵異域，示中國富強命和及其儕王景弘等通使西洋自永樂三年至宣德七年和等先後七奉使歷南海及印度洋沿岸凡三十餘國隨使者有會稽人馬歡，太倉人費信，應天人鞏珍茲三人者歸誌其事各撰一書鞏珍西洋番國志已佚而不傳，馬歡瀛涯勝覽費信星槎勝覽尚存。

（註四）　參以明實錄明史紀傳，茅元儀武備志載下西洋地圖，及其他明人所撰外紀類之撰述，足以考見鄭和下西洋之盛事也。（註五）

近人研究鄭和下西洋事者以伯希和之鄭和下西洋考為最詳，然於明實錄（註六）及新發現之碑文概未徵引，故於鄭和七次下西洋年月多仍明史紀傳之誤，今考錢穀吳都文粹續集第二十卷載婁東劉家港天妃宮石刻通番事蹟記及長樂三峰塔寺石刻天妃靈應記（註七）乃知實錄與明史皆不及碑文之詳確，特重為考訂於下方。

鄭和第一次奉使在永樂三年（一四〇五）六月己卯，業經明史本紀著錄，核以祝允明前聞記於所載第七次下西洋年月，寶船自劉家河出發之時應在秋後，則明史所著錄者乃奉詔年月，而非出發年月矣。明史鄭和傳云：是年「六月命和及其儕王景弘等通使西洋將士卒二萬七千八百餘人，多齎金幣造大舶，修四十四丈廣十八丈者六十二，自蘇州劉家河泛海至福建復自福建五虎門揚帆，首達占城，以次徧歷諸番國宣天子詔因給賜其君長不服則以武懾之五年（一四〇七）九月和等還，諸國使者隨和朝見；和獻所俘舊港（Palembang）酋長帝大悅爵賞有差。舊港者，故三佛

齊國也，其酋陳祖義剽掠商旅，和使使招諭，祖義詐降而潛謀邀劫，和大敗其衆，禽祖義獻俘戮於都市。」南山寺碑云：「永樂三年統領舟師至古里（Calicut）等國時海寇陳祖義聚衆三佛齊國劫掠番商亦來犯我舟師，即有神兵陰助一鼓而殄滅之至五年迴。」則知是役和在永樂五年還京師，然明史及碑文均未明著還京月日考明實錄卷七一「永樂五年九月壬子太監鄭和使西洋諸國還械至海賊陳祖義等，鄭和至舊港遇祖義等遣人招諭之，祖義詐降而潛謀邀劫官軍，和等覺之整兵隄備，祖義率衆來劫，和出兵與戰，祖義大敗殺賊黨五千餘人燒戰船十艘獲其七艘，及偽銅印二顆生擒祖義等三人既至京師並悉斬之。」——蘇門答剌，古里滿剌加小葛蘭（Quilon）、阿魯（Aru）等國王遣使比者牙滿黑的等來朝貢方物。」又知鄭和還京月日在永樂五年九月初二壬子而其所歷之地遠至印度西岸。

鄭和第二次奉使，明史鄭和傳謂在永樂六年（一四〇八）九月，然據明史本紀云：「永樂五年統領舟師……

年（一四〇七）九月癸亥（陰歷十三日）鄭和復使西洋。」又南山寺碑云「永樂五年統領舟師往爪哇古里柯枝暹羅等國王各以珍寶珍禽異獸貢獻至七年迴」碑載第二次奉詔之年與明史……

史本紀合則和於五年九月初二日還京同月十三日復奉詔使西洋。明實錄對於此次使西洋事雖無著錄然卷七一云：「九月乙卯（初五日）命都指揮汪浩改造海運船二百四十九艘備使西洋諸國，」足以間接證明第二次下西洋奉詔時在五年九月，而明史鄭和傳文有脫漏也。

鄭和第三次奉使卽鄭和傳之第二次奉使傳謂在永樂六年（一四〇八）九月本紀云：「永樂六年九月癸亥鄭和復使西洋。」實錄卷八三云：「九月癸酉太監鄭和齎勅使古里滿刺加蘇門答剌阿魯加異勒（Kayal）爪哇暹羅占城柯枝阿撥把丹小柯蘭（Quilon）南巫里甘巴里（Koyampadi?）諸國賜其王錦綺紗羅。」南山寺碑云：「永樂七年（一四〇九）統領舟師往前各國，道經錫蘭山國（Ceylan）其王亞烈苦奈兒（Alagakkonāra）負固不恭謀害舟師賴神顯應知覺遂生擒其王至九年（一四一一）歸獻尋蒙恩宥俾歸本國」明史與實錄干支微有不合，第三次奉詔使西洋事要在六年九月復證以南山寺碑知寶船出發時似在次年春季也鄭和是役還京年月明史本紀及明實錄並作永樂九年六月乙巳實錄卷一一六云：「乙巳，內官鄭和等使西洋諸番國還獻所俘錫蘭山國王亞烈苦奈兒並其家屬和等初使諸番至錫蘭山亞烈苦奈兒侮慢

不敬，欲害和，和覺而去。亞烈苦奈兒又不輯睦鄰國，屢邀劫其往來使臣，諸番皆苦之。及和歸復經錫蘭山，遂誘和至國中，令其子納顏索金銀寶物，不與潛發番兵五萬餘劫和舟，而伐木拒絕和歸路，使不得相援。和等覺之，卽擁衆回船路已阻絕。和語其下曰：賊大衆既出國中必虛且謂我客軍孤怯，不能有爲出其不意攻之可以得志乃潛令人由他道至船俾官軍盡死力拒之而躬率所領兵二千餘，由間道急攻土城破之生擒亞烈苦奈兒並家屬頭目番軍復圍城交戰數合大敗之遂以歸舉臣請誅之。上憫其愚無知命姑釋之給與衣食命禮部議擇其屬之賢者立爲王以承國祀。」考舊鈔本星槎勝覽卷首載費信隨使年月，信此次曾在行中據云「一於永樂七年（一四〇九）隨正使太監鄭和等往占城、爪哇、滿剌加、蘇門答剌、錫蘭山、小唄喃、柯枝古里等國開讀賞賜，至永樂九年（一四一一）迴京。」較之前引實錄所列國名，少阿魯加異勒暹羅阿撥把丹、（註八）南巫里、甘巴里六國。考明史暹羅南巫里加異勒甘巴里等傳皆著錄有鄭和是役使諸國之文殆因費信著錄之國名未全抑疑此六國者爲分縣歟？

鄭和第四次奉使，明史本紀作永樂十年（一四一二）十一月丙辰案是年十一月無丙辰，應

是丙申之誤。明實錄卷一三四云：「永樂十年十一月丙申遣太監鄭和等賚勅往賜滿剌加爪哇、占

城、蘇門答剌阿魯柯枝古里南渤利（Lambri）、彭亨（Pahang）、急蘭丹（Kelantan）、加異勒忽

魯謨斯（Ormuz）、比剌（Brawa?）、溜山（Maldives）、孫剌（Sunda?）諸國王錦綺紗羅綵絹

等物有差」又卷一六六云：「永樂十三年（一四一五）七月癸卯鄭和等奉使西洋諸番國還，

與明史本紀記錄年月日合。南山寺碑云：「一永樂十一年（一四一三）統領舟師往忽魯謨斯等

國。其蘇門答剌國有偽王蘇幹剌寇侵本國其王宰奴里阿比丁遣使赴闕陳訴就率官兵剿捕賴神

默助生擒偽王至十三年歸獻是年滿剌加國王親率妻子朝貢。」碑載之年乃出發年故較實錄晚

一年擒蘇幹剌或蘇幹剌事實錄卷一八六記載較詳據云：「永樂十三年（一四一五）九月壬寅，

蘇門答剌國王宰奴里阿必丁遣王子剌查加那因等貢方物太監鄭和獻所俘蘇門答剌賊首蘇幹

剌等。初和奉使至蘇門答剌賜其王宰奴里阿必丁綵帛等物。蘇幹剌乃前偽王弟方謀弒宰奴里阿

必丁以奪其位且怒使臣賜不及已領兵數萬邀殺官軍和率衆及其國兵與戰蘇幹剌敗走追至南

渤利國並其妻子俘以歸至是獻於行在兵部尚書方賓言蘇幹剌大逆不道宜付法以正其罪遂命

刑部按法誅之」馬歡瀛涯勝覽記載此事尤詳，其文曰：「其蘇門答剌國王先被那孤兒（Battak）花面王侵掠戰鬬身中藥箭而死有一子幼小不能與父報仇其王之妻與衆誓曰有能報夫死之讐，復全其地者吾願妻之共主國事言訖本處有一漁翁奮志而言我能報之遂領兵衆當先殺敗花面王復雪其讐。花面王被殺其衆退伏不敢侵擾王妻於是不負前盟即與漁翁配合稱爲老王家室地賦之類悉聽老王裁制。永樂七年效職進貢方物而沐天恩。永樂十年復至其國其先王之子長成陰與部領合謀弑義父漁翁奪其位管其國漁翁有嫡子名蘇幹剌領衆挈家逃去鄰山自立一寨不時率衆侵復父讐。永樂十三年正使太監鄭和等統領大綜寶船到彼發兵擒獲蘇幹剌赴闕明正其罪。其王子感荷聖恩常貢方物於朝廷。」蘇幹剌實錄作前僞王弟馬歡作先王子歡爲身親目擊之人，應從其說作前王子是役也鄭和等所歷之地不僅遠至忽魯謨斯且抵非洲東岸麻林（Melinde）木骨都束（Mogedoxu）不剌哇（Brawa）等國。（註九）

　　鄭和第五次奉使年月明史鄭和傳云永樂「十四年（一四一六）冬滿剌加古里等十九國咸遣使朝貢辭還復命和等偕往賜其君長十七年（一四一九）七月還」本紀云：永樂「十四年

十二月丁卯，鄭和復使西洋。」「十七年秋七月庚申鄭和還。」明實錄卷一八三並著錄鄭和傳略

而未詳之十九國名：「永樂十四年丁卯，古里爪哇滿剌加占城錫蘭山木骨都束溜山喃渤利不剌

哇阿丹蘇門答剌麻林剌撒忽魯謨斯柯枝南巫里沙里灣泥彭亨諸國及舊港宣慰司使臣辭還，悉

賜文綺襲衣遣中官鄭和等賚勑及錦綺紗羅綵絹等物偕往賜各國王。仍賜柯枝國王印誥，

並封其國中之山為鎮國山，上親製碑文賜之」（註一〇）實錄所載國名喃渤利南巫里一國重見，實

得十八國也。南山寺碑云：「一永樂十五年（一四一七，）統領舟師往西域，其忽魯謨斯國進獅子金

錢豹大西馬；阿丹國進麒麟番名祖剌法並長角馬哈獸；木骨都束國進花福祿並獅子卜剌哇國

進千里駱駝並駝雞；爪哇古里國進麇里羔獸若乃藏山隱海之靈物沉沙棲陸之偉寶莫不爭先呈

獻或遣王男或遣王叔王弟齎捧金葉表文朝貢。」碑載出發年較明史實錄晚一年與前例正同蓋

史所錄者奉勑年而碑所記者出發年也（註一一）

鄭和第六次奉使往返年月，明史本紀云：「永樂十九年（一四二一）春正月癸巳，鄭和復使

西洋二十年（一四二二）八月鄭和還。」（註一二）南山寺碑云：「一永樂十九年統領舟師遣忽魯

讀斯等國使臣久侍京師者悉還本國，其各國王益修職貢，視前有加。」碑載出發年月與史文合，則鄭和此次奉命即出發蓋春季東北季候風將息不容久待也惟讀書敏求記西洋番國志條下云：

「永樂十九年十月十六日勅內官鄭和孔和卜花唐觀保今遣內官洪保等送各番國使臣回還，用賞賜即照依坐去數目關給與之」，似鄭和在十九年十月尚未出發。然此次鄭和旅行證以明史外國傳曾遠至非洲東岸行程恐不祇一年疑鄭和先於十九年春率大綜寶船出發洪保後於同年十月率分綜繼往證以瀛涯勝覽天方條載宣德五年事足以推測得之其文曰「宣德五年，（一四三〇）欽蒙聖朝差正使太監內官鄭和等往各番國開讀賞賜分綜到古里國時，內官太監洪見本國差人往彼就選差通事等七人齎帶麝香磁器等物附本國船隻到彼往回一年買到各色奇貨異寶麒麟獅子駝雞等物並畫天堂圖眞本回京。」此太監洪某證以南山寺碑應是洪保第七次所統者既是分綜，想第六次亦然未與鄭和所統大綜同行也。

鄭和第七次旅行前尚有一役不見碑文及明史本紀記載，僅見明史鄭和傳著錄其文曰「永樂二十二年（一四二四）正月，舊港酋長施濟孫請襲宣慰使職和齎勅印往賜之比還而成祖已

晏駕，洪熙元年（一四二五）二月，仁宗命和以下番諸軍守備南京，南京設守備，自和始也。」成祖

晏駕事在永樂二十二年七月辛卯，則和此行往返不過數月，殆以是役僅赴舊港，而非徧歷諸番碑

文故不列於七次旅行之內歟。案鄭和傳「南京設守備自和始」一語，亦頗可疑，明史卷八仁宗本

紀云：「永樂二十二年九月戊子始設南京守備，以襄城伯李隆爲之。」卷一四六李濬傳云「濬卒，

子隆嗣，……成祖既遷都，以南京根本地命隆留守，仁宗卽位命鎮山海關，未幾復守南京。」則始爲

南京守備者，又爲李隆而非鄭和，此事非檢實錄不能決也。

鄭和第七次旅行，明史本紀佚載其事惟鄭和傳云：「宣德五年（一四三〇）六月，帝踐阼歲

久，而諸番國遠者猶未朝貢；於是和景弘復奉命歷忽魯謨斯等十七國而還」南山寺碑云「一宣

德六年（一四三一）仍統舟師往諸番國開讀賞賜駐泊茲港等候朔風開洋。」此次旅行，詳細行

程備載祝允明前聞記中（註一三）錄誌於下兼可考見前此六次旅行之里程也。

「宣德五年（一四三〇）閏十二月六日龍灣開舡，十日到徐山打圍二十日出附子門二十

一日到劉家港六年（一四三一）二月二十六日到長樂港（註一四）十一月十二日到福斗山十二

月九日出五虎門行十六日二十四日到占城七年（一四三二）正月十一日開舡行二十二

月六日到爪哇斯魯馬益（註一五）六月十六日開舡行十一日二十七日到舊港七月一日開舡行七

日八日到滿剌加八月八日開舡行十日十八日到蘇門答剌十月十日開舡行二十六日（註一六）十

一月六日到錫蘭山別羅里十日開舡行九日十八日到古里國二十二日開舡行三十五日三月

二十五日到忽魯謨斯（註一七）八年（一四三三）二月十八日開船回洋行二十三日三月十一日

到古里。二十日大䑸船回洋行十七日四月六日到蘇門答剌十二日開船行九日二十日到滿剌加。

五月十日回到崑崙洋二十三日到赤坎二十六日到占城六月一日開舡行二日三日到外羅山。

日見南澳山十日晚望見望郎回山六月（註一八）十四日到碗碟嶼二十日過大小

赤二十一日進太倉七月六日到京。十一日關賜獎衣寶鈔。」

右錄第七次之行程，除古里忽魯謨斯一段外皆為「大䑸寶船」之行程：由龍灣至長樂港，由

長樂港至占城，由占城到爪哇之蘇兒把牙，由蘇兒把牙到蘇門答剌之舊港或渤淋邦，由舊港到滿

剌加，由滿剌加到蘇門答剌西北角之啞齊，由啞齊到錫蘭，由錫蘭到古里歸程由古里歷經啞齊滿

剌加占城等地巡航太倉。然於「分綜」所至之國未能徧舉今考分綜出發之地大致有五：

（一）為昔日占城之新州，今日安南之歸仁其航線大致有三：一為赴渤泥島文萊（Brunei）之航線；一為赴暹羅之航線；一為赴爪哇島蘇兒把牙之航線後一線應經過假里馬打（Karimata）麻葉甕（Billiton）兩島之間。大綜寶船所循者蓋為此第三線，自是由蘇兒把牙歷舊港滿剌加啞魯而至蘇門答剌島西北之蘇門答剌港。

（二）為蘇門答剌港今 Pase 河上之 Samudra 村也其航線有二：一為赴榜葛剌之航線；一為赴錫蘭之航線茲二航線雖在啞齊分道似皆經過喃渤利（Lambri）翠藍嶼（Nicobar）兩地然後分途航行大綜寶船所循者乃後一航線也。

（三）為錫蘭島之別羅里，此地雖不能必為今之何地，要在今之高郎步（Colombo）附近其航線亦有二：一為西赴溜山（Maldives）羣島之航線；一為西北赴小葛蘭（Quilon）之航線亦即大綜寶船之航線。明史言錫蘭可通非洲東岸之不剌哇（Brawa）殆為溜山一線之延長線也。

（四）為小葛蘭其航線亦有二：一為巡航非洲東岸木骨都束（Mogedoxu）之線；一為北赴

柯枝 (Cochin) 之線，大艙寶船即遵此線經過柯枝而至古里 (Calicut)。當時寶船似未北行至

阿剌壁人之沙里八丹 (Zurfattan, Cannanore) 及狠奴兒 (Honore) 二國。

（五）為古里。其航線亦有二：一為西北赴波斯灣口忽魯謨斯島之航線；一為赴阿剌壁南岸

祖法兒 (Zufar)（或應加入今地未詳之剌撒蓋武備志地圖位置此地於阿剌壁半島）阿丹

(Aden) 等國之航線。當時寶船雖未巡航默伽所遣通事七人附載之古里船應亦循此線西北行

而抵秩達 (Jidda) 也。

（註一）此漲海譯名並見大食波斯人撰述中大食人謂自波斯達中國逾海七，最東之海曰 Čankhay，即漲海也。

（註二）參看明史眞臘暹羅三佛齊渤泥滿剌加蘇門答剌西洋瑣里古里柯枝榜葛剌拂菻等傳。

（註三）見瀛涯譯卷三載李至剛撰馬哈只墓誌銘。

（註四）此二書版本甚多，瀛涯勝覽可參看拙撰瀛涯勝覽校注本，星槎勝覽可參看羅振玉影印天一閣藏舊鈔本。

（註五）關於資料方面者可參考小說月報第二十卷第一號覽明（向達）撰關於三寶太監下西洋的幾種資料，伯希和撰鄭和下西洋考。

（註六）伯希和在一九三五年通報中撰有補考曾將明寶錄略為徵引，然尚未完備。

（註七）劉家港碑文係由鄭君鶴聲檢出拙譯伯希和鄭和下西洋考出版後承陳幾士先生寄贈南山寺碑拓本一紙足

以考見鄭和七次下西洋年月茲轉錄於下：

天妃之神靈應記（碑額為天妃靈應之記六字篆書）

皇明混一海宇超三代而軼漢唐際天極地罔不臣妾其西域之西迤北之北固遠矣而程途可計若海外諸番實

爲遐壤皆捧琛執贄重譯來朝皇上嘉其忠誠命和等統率官校旗軍數萬人乘巨舶百餘艘齎幣往賚之所以宣

德化而柔遠人也自永樂三年奉使西洋迨今七次所歷番國由占城國爪哇國三佛齊國暹羅國直踰南天竺錫

蘭山國古里國柯枝國抵於西域忽魯謨斯國阿丹國木骨都束國大小共三十餘國涉滄溟十萬餘里觀夫海洋

洪濤接天巨浪如山視諸夷域迥隔於煙霞縹渺之間而我之雲帆高張晝夜星馳涉彼狂瀾若履通衢者誠荷朝

廷威福之致尤賴天妃之神護祐之德也神之靈固嘗著於昔時而盛顯於當代溟渤之間或遇風濤即有神燈

於帆檣靈光一臨則變險爲夷雖在顛連亦保無虞及臨外邦番王之不恭者生擒之蠻寇之侵掠者勦滅之由是

海道清寧番人仰賴者皆神之賜也神之感應未易殫擧昔嘗奏諸朝紀德太常建宮於南京龍江之上永傳祀

典欽蒙御製紀文以彰靈貺既羨美至矣然神之靈無往不在若長樂南山之行宮余由舟師累駐於斯伺風開洋乃

於永樂十年奏建以爲官軍祈報之所既嚴且整右有南山塔寺歷歲久深荒涼頹圮每就修葺數載之間殿堂禪

室弘勝舊規今年春仍往諸番載舟茲港復修佛宇神宮益加華美而又發心施財鼎建三清寶殿一所於宮之左

雕粧聖像粲然一新鐘鼓供儀靡不具備僉謂如是庶足以盡恭事天地神明之心來顧如斯咸樂趨事殿廡宏麗

不日成之，畫棟連雲，如翬如翼。且有青松翠竹，掩映左右，神安人悅，誠勝境也。斯土斯民，豈不咸臻福利哉人能竭

忠以事君則事無不立誠以事神則禱無不應。和等上荷聖君寵命之隆，下致遠夷敬信之厚，統舟師之眾掌錢

帛之多夙夜拳拳惟恐弗逮敢不竭忠以國事盡誠於神明乎師旅之安寧往迴之康濟者烏可不知所自乎？是用

著神之德於石俾諸番往迴之歲月以貽永久焉。

一永樂三年，統領舟師至古里等國時海寇陳祖義聚眾三佛齊國，劫掠番商，亦來犯我舟師，即有神兵陰助，一鼓

而殄滅之，至五年迴。

一永樂五年，統領舟師往爪哇、古里、柯枝、暹羅等國，王各以珍寶珍禽異獸貢獻，至七年迴。

一永樂七年，統領舟師往前各國道經錫蘭山國，其王亞烈苦奈兒負固不恭謀害舟師賴神顯應知覺遂生擒其

王至九年歸獻尋蒙恩宥歸本國。

一永樂十一年，統領舟師往忽魯謨斯等國其酋門答剌國有偽王蘇幹剌寇侵本國其王宰奴里阿比丁遣使赴

闕陳訴就率官兵勦捕賴神默助生擒偽王至十三年歸獻是年滿剌加國王親率妻子朝貢。

一永樂十五年，統領舟師往西域其忽魯謨斯國進獅子金錢豹大西馬阿丹國進麒麟番名祖剌法，並長角馬哈

獸木骨都剌束國進花福祿並獅子；卜剌哇國進千里路駝並駝鷄爪哇古里國進縻里羔獸若乃藏山隱海之靈

物沉沙棲陸之偉寶莫不爭先呈獻或遣王男或遣王叔王弟齎捧金葉表文朝貢。

一永樂十九年，統領舟師遣忽魯謨斯等國使臣久侍京師者悉還本國其各國王益修職貢視前有加。

一宣德六年，仍統舟師往諸番國開讀賞賜，駐泊茲港等候朔風開洋。思昔數次皆伏神明助祐之功，如是勒記於石。宣德六年歲次辛亥仲冬吉日正使太監鄭和王景弘副使太監李興朱良周滿洪保楊眞張達吳忠都指揮朱眞王衡等立正一住持楊一初稽首請立石。

（註八）據明史卷三二六甘巴里傳甘巴里「隣境有阿撥把丹小阿蘭二國。」小阿蘭應是小柯蘭之誤，實錄卷八三有此譯名即別譯作小葛蘭或小唄喃者是已盡指今之 Quilon 也甘巴里舊考有作 Cambay 者有作 Koyam-padi (Coimbatore) 者其地要在印度境中則阿撥把丹始是 Jurfattan 對音傳寫之誤然伯希和不以此說爲然而以 Jurfattan 屬明史卷三二六之沙里灣泥。

（註九）永樂十三四年入貢諸國據實錄卷一六八云：「九月庚申賜蘇門答剌、古里、柯枝麻林諸番國使臣宴。」又卷一六九云：「十月癸未古里柯枝喃渤利甘巴里滿剌加麻林忽魯謨斯蘇門答剌諸番國使臣辭歸悉賜鈔幣及永樂通寶錢有差」又卷一七〇云：「十一月壬子麻林國及諸番國進麒麟天馬神鹿等物。」又卷一八二云：「永樂十四年十一月戊子古里爪哇滿剌加占城蘇門答剌南巫里沙里灣泥彭亨錫蘭山木骨都束溜山喃渤利（即南巫里之重見）不剌哇阿丹蔴林剌撒忽魯謨斯柯枝諸國及舊港宣慰司各遣使貢馬及犀象方物」

（註一〇）參看註九。

（註一一）明實錄卷一九〇載有永樂十五年內官張謙使西洋還一事其人殆未與鄭和等偕行其文曰：「永樂十五年六月已亥遣人齎勒往金鄉勞使四洋諸番內官張謙及指揮千百戶旗軍人等初謙等奉命使西洋諸番還至

浙江金鄉衞海上崒遇倭寇時官軍在船者總百六十餘人賊可四千鏖戰二十餘合大敗賊徒殺死無算餘衆遁去上聞而嘉之賜勅獎勞官軍陞賞有差」

（註一二）余所錄明實錄止於永樂十五年以後尚待檢對。

（註一三）紀錄彙編本卷二〇二。

（註一四）鄭和每次似須停泊晜樂乾隆晜樂縣志卷十祥異志載：「永樂十年壬辰三寶太監駐軍十淨街人物輳集如市」又卷四祀典志載「南山三峯塔寺明永樂十一年太監鄭和同僧重修」雖均涉及第四次旅行事要可推想其餘五次亦曾停舟晜樂也。

（註一五）瀛涯勝覽爪哇條云：「蘇魯馬益番名蘇兒把牙」即此魯馬益省 Surabaya 之對音。

（註一六）原誤三十六日茲改正。

（註一七）原誤魯乙忽誤斯茲改正。

（註一八）六月二字應衍。

下編

第一章　扶南傳

扶南一名，首見三國志呂岱傳晉書始有傳（註一）晉書卷九十七扶南傳云：

「扶南西去林邑（Campa）三千餘里在海大灣中其境廣袤三千里有城邑宮室。人皆醜黑，拳髮倮身跣行性質直不爲寇盜以耕種爲務一歲種三歲穫又好雕文刻鏤食器多以銀爲之貢賦以金銀珠香亦有書記府庫文字有類於胡喪葬婚姻略同林邑其王本是女子字葉柳（註二）時有外國人混潰（註三）者先事神夢神賜之弓又教載舶入海混潰旦詣神祠得弓遂隨賈人泛海至扶南外邑葉柳率衆禦之混潰舉弓葉柳懼遂降之於是混潰納以爲妻而據其國後胤衰微子孫不紹，南外邑葉柳率衆禦之混潰舉弓葉柳懼遂降之於是混潰納以爲妻而據其國後胤衰微子孫不紹，其將范尋復世王扶南矣武帝泰始（二六五——二七四）初遣使貢獻。太康（二八〇——二八

一二一　一〇九

九）中又頻來穆帝升平（三五七——三六一）初，復有竺旃檀（Candra, Candana）稱王，遣使貢馴象，帝以殊方異獸，恐爲人患詔還之。」

卷五十七陶璜傳云：

「吳旣平晉減州郡兵璜上言曰交土荒裔斗絕一方，或重譯而言，連帶山海又南郡去州海行千有餘里，外距林邑纔七百里。夷帥范熊世爲逋寇，自稱爲王數攻百姓且連接扶南種類猥多朋黨相倚負險不賓往隸吳時數作寇逆次破郡縣殺害吏臣以厄驟昔爲故國所探偏戍在南十有餘年，雖前後征討剪其魁桀深山僻穴尚有逋竄又臣所統之卒本七千餘人南土混濕多有氣毒加累年征討死亡減耗其見在者二千四百二十八今四海混同無思不服當卷甲消刃禮樂是務而此州之人識義者寡厭其安樂好爲禍亂」

南齊書卷五十八扶南傳云：

〔扶南國在日南之南大海西蠻中廣袤三千餘里有大江水西流入海（註四）其先有女人爲王，名柳葉又有激國人混塡夢神賜弓二張，教乘舶入海混塡晨起，於神廟樹下得弓卽乘舶向扶南。

柳葉見舶率衆欲禦之，混塡舉弓遙射，貫船一面通中人，柳葉怖遂降，混塡娶以爲妻，惡其躶露形體，乃疊布貫其首，遂治其國，子孫相傳至王槃況死，國人立其大將范師蔓，蔓病，姊子旃纂立，殺蔓子金生。十餘年，蔓少子長襲殺旃以刄鑱旃腹曰：汝昔殺我兄，今爲父兄報汝，旃大將范尋又殺長國人立以爲王，是吳晉時也。晉宋世通職貢，宋末扶南王姓憍陳如（Kauṇḍinya）名闍耶跋摩（Jayavarman），遣商貨至廣州，天竺道人那伽仙（Nagasena）附載欲歸國，遭風至林邑掠其財物皆盡；那伽仙間道得達扶南，具說中國有聖主受命。永明二年（四八四）闍耶跋摩遣天竺道人釋那伽仙上表稱扶南國王臣憍陳如闍耶跋摩叩頭啓曰天化撫育感動靈祇四氣調適伏願聖主尊體起居康御皇太子萬福六宮淸休諸王妃主內外朝臣普同和睦鄰境士庶萬國歸心五穀豐熟災害不生，土淸民泰一切安穩臣及人民國土豐樂四氣調和道俗濟濟豪隆下光化所被咸荷安泰又曰：臣前遣使齎雜物行廣州貨易天竺道人釋那伽仙於廣州，因附臣舶，欲來扶南海中風漂到林邑國王奪臣貨易，幷那伽仙私財具陳其從中國來此，仰序陛下聖德仁治詳議風化佛法興顯衆僧集法事日盛王威嚴整朝望國軌，慈愍蒼生八方六合莫不歸伏。如聽其所說則化鄰諸天非可爲喩臣聞

之下情踊悅若暫奉見尊足，仰慕慈恩澤流小國，天垂所感率土之民，竝得皆蒙恩祐是以臣今遣此

道人釋那伽仙為使上表問訊奉貢微獻呈臣等赤心竝別陳下情但所獻輕陋愧懼惟深伏願天慈

曲照鑒其丹欵賜不垂責又曰臣有奴名鳩酬羅委臣兔走別在餘處構結凶逆遂破林邑仍自立為

王永不恭從違恩負義叛主之鑒天不容載伏尋林邑昔為檀和之所破久已歸化天威所被四海彌

伏而今鳩酬羅守執奴凶自專狠彊且林邑扶南鄰界相接親人是臣奴獨尚逆去朝廷豈復遵

舉此國屬陛下故謹具上啟伏聞林邑頓年表獻簡絕便欲永隔朝廷豈有師子坐而安大鼠伏願遣

軍將伐凶逆臣亦自效微誠助朝廷剪撲使邊海諸國一時歸伏陛下若欲別立餘人為彼王者伏聽

勅旨脫未欲灼然興兵伐林邑者伏願特賜勅在所隨宜以少軍助臣乘天之威殄滅小賊伐惡從善。

平蕩之日上表獻金五婆羅（bhara）（註五）今經此使送臣丹誠表所陳啟不盡下情謹附那伽仙

幷其伴口具啟聞伏願愍所啟幷獻金縷龍王坐像一軀白檀像一軀牙塔二軀古貝（karpasa）二雙，

瑠璃（vaiḍurya）蘇鉝二口珊瑚檳榔柈一枚那伽仙詣京師言其國俗事摩醯首羅（Maheśvara）

天神神常降於摩牝山土氣恆暖草木不落其上書曰吉祥利世間感攝於羣生所以其然者天感化

緣明，仙山名摩㰢吉樹敷嘉榮，摩醯首羅天依此降尊靈國土悉蒙祐人民皆安寧由斯恩被故是以

臣歸情善薩行忍慈本迹起凡基一發菩提心二乘非所期歷生積功業六度行大悲勇猛超劫數財

命捨無遺生死不為厭六道化有緣具修於十地遺果度人天功業既已定行滿登正覺萬善智圓備

惠日照塵俗眾生感緣應隨機授法藥佛法遍十方無不蒙濟擢皇帝聖弘道興隆於三寶垂心覽萬

機威恩振八表國土及城邑仁風化清皎亦如釋提洹眾天中最超陛下臨萬民四海共歸心聖慈流

無疆被臣小國深詔報曰具摩醯降靈流施彼土雖殊俗異化遙深欣讚知鳩酬羅於彼背叛竊據林

邑聚凶肆掠殊宜窮討彼雖介遐陬舊修蕃貢自宋季多難海譯致壅皇化惟新習迷未革朕方以文

德來遠人未欲便與干戈王既款列忠到遠請軍威今詔交部隨宜應接伐叛柔服實惟國典勉立殊

効以副所期。那伽仙銜邊譯頗悉中土關狹令其具宣上報以絳紫地黃碧綠紋綾各五匹。扶南人

黠惠知巧攻略傍邑不賓之民為奴婢貨易金銀綵帛大家男子截錦為橫幅女為貫頭貧者以布自

蔽鍛金鐶鑽銀食器伐木起屋國王居重閣以木柵為城海邊生大箬葉長八九尺編其葉以覆屋人

民亦為閣居為船八九丈廣裁六七尺頭尾似魚國王行乘象婦人亦能乘象鬥雞及豨為樂無牢獄，

有謐者，則以金指鐶若雞子投沸湯中令探之；又燒鎖令赤著手上捧行七步有罪者手皆燋爛，無罪者不傷；又令沒水直者入即不沈不直者即沈也。有甘蔗諸蔗安石榴及橘多檳榔鳥獸如中國人性善不便戰常爲林邑所侵襲不得與交州通故其使罕至。」

梁書卷五十四扶南傳云：

「扶南國在日南郡之南海西大灣中去日南可七千里在林邑西南三千餘里城去海五百里，有大江廣十里西北流東入於海其國輪廣三千餘里土地洿下而平博氣候風俗大較與林邑同出金銀銅錫沈木香象牙孔翠五色鸚鵡其南界三千餘里有頓遜國，（註六）在海崎上地方千里城去海十里有五王並羈屬扶南頓遜之東界通交州其西界接天竺安息徼外諸國往還交市所以然者，頓遜迴入海中千餘里漲海無崖岸船舶未曾得經過也其市東西交會日有萬餘人珍物寶貨無所不有又有酒樹似安石榴采其花汁停甕中數日成酒。頓遜之外大海洲中又有毘騫國，（註七）去扶南八千里傳其王身長丈二頭長三尺自古來不死莫知其年王神聖國中人善惡及將來事王皆知之是知無敢欺者南方號曰長頸王國俗有室屋衣服噉粳米其人言語小異扶南有山出金金露生

石上，無所限也。國法刑罪人並於王前噉其肉國內不受估客，有往者亦殺而噉之，是以商旅不敢至。

王常樓居不血食不事鬼神其子孫生死如常人唯王不死。扶南王數遣使與書相報答常遺扶南王

純金五十八食器形如圓盤又如尾堰名爲多羅受五升又如椀者受一升王亦能作天竺書書可三

千言說其宿命所由與佛經相似並論善事又傳扶南東界即大漲海海中有火洲洲上有諸薄國國

東有馬五洲復東行漲海千餘里至自然火洲其上有樹生火中洲左近人剝取其皮紡績作布極得

數尺以爲手巾與焦麻無異而色微青黑若小垢汚則投火中復更精潔或作燈炷用之不知盡扶南

國俗本裸體身被髮不制衣裳以女人爲王號曰柳葉年少壯健有似男子其南曰徼國有事神鬼者

字混塡夢神賜之弓乘賈人船入海混塡晨起即詣廟於神樹下得弓便依夢乘船入海遂入扶南外

邑。柳葉人衆見舶至欲取之混塡即張弓射其舶穿度一面矢及侍者柳葉大懼舉衆降混塡混塡乃

教柳葉穿布貫頭形不復露遂治其國納柳葉爲妻生子分王七邑其後王混盤況以詐力間諸邑令

相疑阻因舉兵攻并之乃遣子孫中分治諸邑號曰小王盤況年九十餘乃死立中子盤盤以國事委

其大將范蔓盤盤立三年死國人共舉蔓爲王蔓勇健有權略復以兵威攻伐傍國咸服屬之自號扶

一二六

南大王乃治作大船窮漲海，攻屈都昆、（註八）九稚、（註九）典孫（註一〇）等十餘國，開地五六千里。次

當伐金隣國，（註一一）蔓遇疾遣太子金生代行。蔓姊子旃時爲二千人將，因簒蔓自立遣人詐金生而

殺之。蔓死時有乳下兒名長在民間，至年二十乃結國中壯士襲殺旃。旃大將范尋又殺長而自立。更

繕治國內起觀閣遊戲之，朝旦中晡三四見客民人以焦蔗龜鳥爲禮。國法無牢獄，有罪者先齋戒三

日，乃燒斧極赤令訟者捧行七步又以金鐶雞卵投沸湯中令探取之若無實者手即焦爛有理者則

不又於城溝中養鱷魚門外圈猛獸，有罪者輒以餧猛獸及鱷魚魚獸不食爲無罪三日乃放之鱷大

者長二丈餘狀如鼉，有四足喙長六七尺兩邊有齒利如刀劍，常食魚遇得麞鹿及人亦噉自蒼梧以

南及外國皆有之。吳時（二二二至二八〇）遣中郎康泰宣化從事朱應使於尋國國人猶裸唯婦

人著貫頭，泰應謂曰國中實佳但人褻露可怪耳。尋始令國內男子著橫幅今干縵也（註一二）大家乃

截錦爲之貧者乃用布。晉武帝太康中（二八〇至二八九）尋遣使貢獻，穆帝升平元年（三五七）

王竺旃檀奉表獻馴象詔曰此物勞費不少駐令勿送其後王憍陳如（Kauṇḍinya），本天竺婆羅

門也，有神語曰應王扶南憍陳如心悅南至盤盤（註一三）扶南人聞之舉國欣戴迎而立爲復改制度，

用天竺法。憍陳如死，後王持梨陀跋摩宋文帝世（四二四至四五三）奉表獻方物。齊永明中（四八三至四九三）王闍邪跋摩（Jayavarman）遣使貢獻。天監二年（五〇三）跋摩復遣使送瑚像幷獻方物。詔曰：扶南王憍陳如闍耶跋摩，介居海表世纂南服厥誠遠著重譯獻琛宜蒙酬納班以榮號，可安南將軍扶南王今其國人皆醜黑拳髮所居不穿井數十家共一池引汲之俗事天神天神以銅爲像二面者四手四面者八手手各有所持或小兒或鳥獸或日月其王出入乘象嬪侍亦然。王坐則偏踞翹膝垂左膝至地以白氎敷前設金盆香鑪於其上。國俗喪則剃除鬚髮死者有四葬：水葬則投之江流火葬則焚爲灰燼土葬則瘞埋之鳥葬則棄之中野。人性貪吝無禮義男女恣其奔隨。十年（五一一）十三年（五一四）跋摩累遣使貢獻其年死庶子留陀跋摩（Rudravarman）殺其嫡弟自立十六年（五一七）遣使竺當抱老奉表貢獻。十八年（五一九）復遣使送天竺旃檀瑞像娑羅（sala）樹葉幷獻火齊珠鬱金（curcuma）蘇合（storax）等香普通元年（五二〇）中大通二年（五三〇）大同元年（五三五）遣使獻方物五年（五三九）遣使獻生犀又言其國有佛髮長一丈二尺詔遣沙門釋雲寶迎之。」（註一四）

同卷天竺傳云：

「漢和帝時（八九至一〇五）天竺數遣使貢獻，後西域反叛遂絕至桓帝延熹二年（一五九）四年（一六一）頻從日南徼外來獻，魏晉世絕不復通唯吳時（二二二至二八〇）扶南王范旃遣親人蘇物使其國從扶南發投拘利（Takkola?）口循海大灣中正西北入歷灣邊數國，可一年餘到天竺江口逆水行七千里乃至焉天竺王驚曰海濱極遠猶有此人卽呼令觀視國內仍差陳宋等二人以月支馬四匹報旃，遣物等還積四年方至其時吳遣中郎康泰使扶南及見陳宋等，具問天竺土俗云云。」

新唐書卷二二二下扶南傳曰：

「扶南在日南之南七千里地卑窪與環王（註一五）同俗，有城郭宮室王姓古龍，居重觀栅城樓，葉以覆屋王出乘象其人黑身鬈髮倮行俗不爲寇盜田一歲種三歲穫國出剛金狀類紫石英生水底石上人沒水取之可以刻玉扣以殺角乃泮人喜鬪雞及豬以金珠香爲稅治特牧城俄爲眞臘所并益南徙那弗那城。武德（六一八至六二六）貞觀（六二七至六四九）時再入朝又獻白頭人

二，白頭者直扶南西人，皆素首膚理如脂居山穴四面峭絕人莫得至與~~參半國接~~。」

（註一）見史地叢考續編一至四七頁伯希和撰扶南考。

（註二）後引諸文皆作柳葉。

（註三）後引諸文皆作混填。

（註四）應從梁書作西北流東入於海上文四蠻疑是西澨之誤。

（註五）每~~婆羅~~合五百六十斤。

（註六）案 Schlegel 以爲卽 Tenasserim。

（註七）案此國似在 Iraouaddy 江及印度洋沿岸。

（註八）案此名他處未見僅見有~~屈都乾~~都~~昆~~等名~~屈都乾~~齊書卷九七~~林邑~~傳著錄並見太平御覽卷七九〇，~~水經注卷三六引林邑記，於~~屈都乾~~外並有~~屈都昆應卽~~屈都~~之省稱此處之~~屈都昆應卽~~屈都~~考通典卷一八八，及太平御覽卷八八著錄有邊斗一云~~坆斗~~國都~~昆~~一云都~~軍~~國~~拘利~~一名~~九離國比嵩國等四國「~~並隋時聞爲扶南度~~金鄰大灣，南行三千里有此四國」顧梁書~~屈都昆~~之後國名~~九稚九稚應爲九離之訛以此證之~~屈都昆~~必爲都~~昆此國應在馬來半島。

（註九）案~~九稚~~似爲太平御覽卷七九〇之~~句稚~~國，~~南州異物志曰：~~句稚~~去~~與遊~~八百里又曰：~~歌營~~國在~~句稚南，觀前註~~拘利九離~~等名殆由離字訛爲稚字也。

（註一〇）案卽頓遜。

（註一一）案此金鄰一名常見中國載籍著錄，太平御覽卷七九〇引異物志曰：金鄰一名金陳，去扶南可二千餘里地出銀，人民多好獵大象生則乘騎死則取其牙齒又引外國傳曰：從扶南西去金陳二千餘里到金陳。水經注卷一引竺芝扶南記謂林陽國陸地距金鄰國二千里。太平御覽卷七八七引康泰扶南土俗曰扶南之西南有林陽國，去扶南七千里土地奉佛有數千沙門又引南州異物志曰：林陽在扶南四七千餘里水經注卷三六引竺芝扶南記曰「晉功臣表所謂金濤清逕象渚澄源」康熙字典謂金濤爲交趾地名，然此金鄰卽爲金隣也義淨南海寄歸內法傳亦有此金鄰國名十八世紀日本僧人迦葉註解謂卽同傳數見之金洲則爲梵文之 Suva-rnadvipa，今之 Sumatra 矣。

（註一二）案卽馬來語之 Sarong，柬埔寨語之 Sampot。

（註一三）此國元嘉中（四二四──四五三）初有貢使其地未詳。

（註一四）下文言阿育王寺塔事茲略。

（註一五）卽昔之林邑後之占城。

第二章 眞臘傳

眞臘國名始見隋書，先爲扶南屬國，後併扶南東部而有之，即後之柬埔寨(Kamboja)也(註一)。

隋書卷八十二眞臘傳云：

「眞臘國在林邑西南本扶南之屬國也去日南郡舟行六十日而南接車渠國，西有朱江國。其王姓刹利(Ksatriya)氏名質多斯那(Citrasena)。自其祖漸已強盛至質多斯那遂兼扶南而有之。死子伊奢那先(Iganasena)代立居伊奢那城(Iganasena)(註二)郭下二萬餘家城中有一大堂是王聽政之所總大城三十城有數千家各有部帥官名與林邑(Campa)同英王三日一聽朝，坐五香七寶牀上施寶帳其帳以文木爲竿象牙金鈿爲壁狀如小屋懸金光燄有同於赤土前有金香鑪二人侍側王着朝霞古貝，瞞絡腰腹下垂至脛頭戴金寶花冠被眞珠瓔珞足履革屣耳懸金璫常服白疊以象牙爲屬若露髮則不加瓔珞臣人服製大抵相類有五大臣：一曰孤落支，二曰高

一三三

一三二

相憑三日婆何多陵四日舍摩陵五日臂多妻及諸小臣朝於王者輒以階下三稽首；王喚上階則跪，

以兩手抱膊遶王環坐議政事訖跪伏而去。階庭門閤侍衞有千餘人被甲持仗其國與參半朱江二

國和親數與林邑陀桓二國戰爭。其人行止皆持甲仗若有征伐因而用之其俗非王正妻子不得爲

嗣王初立之日所有兄弟並刑殘之或去一指或劓其鼻別處供給不得仕進。人形小而色黑婦人亦

有白者悉拳髮垂耳性氣捷勁居處器物頗類赤土以右手爲淨左手爲穢每旦澡洗以楊枝淨齒讀

誦經呪又澡洒乃食食罷還用楊枝淨齒又讀經呪飲食多蘇酪沙糖秔粟米餅欲食之時先取雜肉

羹與餅相合手擩而食娶妻者唯送衣一具擇日遣媒人迎婦男女二家各八日不出晝夜燃燈不息，

男婚禮畢卽與父母分財別居。小兒未婚者以餘財與之若婚畢財物入官其喪葬兒女皆七

日不食剔髮而哭僧尼道士親故皆來聚會音樂送之以五香木燒屍收灰以金銀瓶盛送於大水之

內，貧者或用瓦而以彩色畫之亦有不焚送屍山中任野獸食者其國北多山阜南有水澤地氣尤熱，

無霜雪饒瘴癘毒蠱土宜梁稻少黍粟果茱與日南九眞相類異者有婆那娑樹無花葉似冬

瓜；菴羅樹花葉似棗實似李毗野樹花似木瓜葉似杏實似楮婆田羅樹花葉實並似棗而小異歌畢

佗樹花似林檎葉似榆而厚大實似李其大如升自餘多同九真海中有魚名建同四足無鱗其鼻如

象吸水上噴高五六十尺有浮胡魚其形似鮐嘴如鸚鵡有八足多大魚半身出水望之如山每五六

月中毒氣流行即以白豬白牛白羊於城西門外祠之不然者五穀不登六畜多死人衆疾疫近都有

陵伽鉢婆（Lingaparvata）山上有神祠每以兵二千人守衞之城東有神名婆多利祭用人肉其

王年別殺人以夜祀禱亦有守衞者千人其敬鬼如此多奉佛法尤信道士佛及道士並立像於館大

業十二年（六一六）遣使貢獻帝禮之甚厚其後亦絶」

舊唐書卷一百九十七真臘傳云：

「真臘國在林邑西北本扶南之屬國崑崙之類在京師南二萬七百里北至愛州六十日行其

王姓刹利氏有大城三十餘所王都伊奢那城風俗被服與林邑同地饒瘴癘毒海中大魚有時半出

望之如山每五六月中毒氣流行即以牛豕祠中不者則五穀不登其俗東向開戶以東爲上有戰象

五千頭尤好者飼以飯肉與隣國戰則象隊在前於背上以木作樓上有四人皆持弓箭國尙佛道及

天神天神爲大佛道次之武德六年（六二三）遣使貢方物貞觀二年（六二八）又與林邑國俱

來朝獻，太宗嘉其陸海疲勞，賜賚甚厚。（註三）南方人謂眞臘國爲吉蔑國自神龍（七〇五至七〇

六）已後，眞臘分爲二半以南近海多陂澤處謂之水眞臘，半以北多山阜謂之陸眞臘，亦謂之文單

國。高宗（六五〇至六八三）則天（六九〇至七〇四）玄宗（七一三至七五五）朝並遣使朝

貢。水眞臘國其境東西南北約員八百里，東至奔陀浪州，西至墮羅鉢底國，南至小海，北接陸眞臘，其

王所居城號婆羅提拔國之東界有小城皆謂之國其國多衆。元和八年（八一三）遣李摩那等來

朝。」（註四）

新唐書卷二二二下眞臘傳云：

「眞臘一曰吉蔑（Khmêr）本扶南屬國去京師二萬七百里東距車渠西屬驃南瀕海北與

道明接東北抵驩州其王刹利伊舍那，貞觀（六二七至六四九）初并扶南有其地戶皆東嚮坐上

東。客至屑檳榔龍腦香蛤以進不飲酒比之淫與妻飲房中避尊屬有戰象五千良者飼以肉世與參

半驃通好與環王乾陀洹數相攻。自武德（六一八至六二六）至聖曆（六九八至六九九）凡四

來朝。神龍（七〇五至七〇六）後分爲二半北多山阜號陸眞臘半南際海饒陂澤號水眞臘。半水

眞臘地八百里王居婆羅提拔城陸眞臘或曰文單曰婆鏤地七百里王號笪屈開元（七一三至七

四一）天寶（七四二至七五五）時，王子率其屬二十六來朝，拜果毅都尉。

九）中副王婆彌及妻來朝獻馴象十一擢婆彌試殿中監賜名賓漢是時德宗（七八〇至八〇四）

初卽位珍禽奇獸悉縱之蠻夷所獻馴象畜苑中元會充廷者凡三十二悉放荆山之陽及元和（八

〇六至八二〇）中水眞臘亦遣使入貢文單西北屬國曰參半武德八年（六二五）使者來道明

者亦屬國無衣服見衣服者共笑之無鹽鐵以竹弩射鳥獸自給。」

宋趙汝适撰諸蕃志卷上眞臘國條云

「眞臘接占城之南東至海西至蒲甘（Pagan），南至加羅希（Grahi）。自泉州舟行順風月餘

日可到其地約方七千餘里國都號祿兀（Angkor），天氣無寒其王粧束大概與占城同出入儀從

則過之間乘輦駕以兩馬或用牛其縣鎭亦與占城無異官民悉編竹覆茅爲屋惟國王鐫石爲室有

靑石蓮花池沼之勝跨以金橋約三十餘丈殿宇雄壯侈麗特甚王坐五香七寶牀施寶帳以紋木爲

竿象牙爲壁擧臣入朝先至階下三稽首升階則跪以兩手抱膊遶王環坐議政事訖跪伏而退西南

隅銅臺上列銅塔二十有四鎮以各銅象各重四千斤戰象幾二十萬馬多而小奉佛謹嚴日用番女

三百餘人舞獻佛飯謂之阿南即妓弟也其俗淫姦則不問犯盜則有斬首斷足燒火印胸之刑其僧

道呪法靈甚僧衣黃者有室家衣紅者寺居戒律精嚴道士以木葉爲衣有神曰婆多利（Bhadra）

祠祭甚謹。以右手爲淨左手爲穢取雜肉羹與飯相合用右手搊而食之厥土沃壤田無畛域視力所

及而耕種之。米穀廉平每兩烏鉛可博米二斛土產象牙暫速細香粗熟香黃蠟翠毛（原註云此國

最多）篤耨腦篤耨瓢番油姜皮金顏香蘇木生絲綿布等物番商興販用金銀瓷器假錦涼傘皮鞾

酒糖醯醢之屬博易。登流眉波斯蘭羅斛三濼眞里富麻羅間綠萍吾里富蒲甘竄裏西棚杜懷潯番

皆其屬國也。本國舊與占城鄰好歲貢金兩因淳熙四年（一一七七）五月望日占城主以舟師襲

其國都請和不許殺之逐爲大讐誓必復怨。慶元己未（一一九九）大舉入占城俘其主戮其臣僕，

勦殺幾無噍類更立眞臘人爲主占城今亦爲眞臘屬國矣。（註五）唐武德（六一八至六二六）中

始通中國國朝宣和二年（一一二〇）遣使入貢其國南接三佛齊屬國之加羅希。

宋史卷四百八十九眞臘傳云：

「真臘國亦名占臘，其國在占城之南，東際海，西接蒲甘，南抵加羅希。其縣鎮風俗同占城地方七千餘里。有銅臺列銅塔二十有四，銅象八以鎮其上，象各重四千斤。其國有戰象幾二十萬。馬多而小。

政和六年（一一一六）十二月遣進奏使奉化郎將鳩摩僧哥、副使安化郎將摩君明稽顙等十四人來貢賜以朝服。僧哥言萬里遠國仰投聖化倘拘卉服未稱區區嚮慕之誠願許服所賜詔從之，仍以其事付史館書諸策明年（一一一七）三月辭去。宣和二年（一一二〇）又遣郎將摩臘摩禿防來朝廷官封其王與占城等。建炎二年（一一二八）以郊恩授其王金裒賓深（註六）檢校司徒加食邑遂定爲常制。其屬邑有真里富，在西南隅東南接波斯蘭，西南與登流眉爲鄰所部有六十餘聚落。慶元六年（一二〇〇）其國主立二十年矣遣使奉表貢方物及馴象二詔優其報賜以海道遠涉後勿再入貢。」

明史卷三二四真臘傳云：

「真臘在占城南順風三晝夜可至。隋唐及宋皆朝貢。宋慶元（一一九五至一二〇〇）中滅占城而并其地因改國名曰占臘元時仍稱真臘（註七）洪武三年（一三七〇）遣使臣郭徵等齎

詔撫諭其國四年（一三七一）其國巴山王忽爾那遣使進表貢方物賀明年（一三七二）正旦

詔賜大統曆及綵幣使者亦賜給有差六年（一三七三）進貢。

者持達志遣使來貢宴賜如前十三年（一三八〇）復貢十六年（一三八三）遣使齎勘合文册

賜其王凡國中使至勘合不符者即屬矯偽許縶縛以聞復遣使賜織金文綺三十二磁器萬九千其

王遣使來貢十九年（一三八六）遣行人劉敏唐敬偕中官齎磁器往賜明年敬等還王遣使貢象

五十九香六萬斤尋遣使賜其王鍍金銀印王及妃皆有賜其王參烈寶毘邪甘菩者遣使貢象及方

物明年（一三八七）復貢象二十八象奴三十四人番奴四十五人謝賜印之恩。

八九）三貢明年（一三九〇）復貢永樂元年（一四〇三）遣行人蔣賓與王樞以即位詔諭其

國明年（一四〇四）王參烈婆毘牙遣使來朝貢方物初中官使眞臘有部卒三人潛逃索之不得，

王以其國三人代之至是引見帝曰：華人自逃於彼何預而責償且語言不通風土不習吾焉用之命

賜衣服及道里費遣還三年（一四〇五）遣使來貢告故王之喪命鴻臚序班王孜致祭給事中畢

進中官王琮齎詔封其嗣子參烈昭平牙為王進等還嗣王遣使偕來謝恩六年（一四〇八）十二

年（一四一四）再入貢使者以其國數被占城侵擾久留不去帝遣中官送之遠并敕占城王罷兵修好。十五年（一四一七）十七年（一四一九）並入貢。宣德（一四二六至一四三五）景泰（一四五〇至一四五六）中亦遣使入貢自後不常至。其國城隍周七十餘里幅員廣數千里國中有金塔金橋殿宇三十餘所。王歲時一會羅列玉猿孔雀白象犀牛於前名曰百塔洲盛食以金盤金椀，故有富貴眞臘之諺。民俗富饒天時常熱不識霜雪禾一歲數稔男女椎結穿短衫圍梢布刑有剮刖，刺配盜則去手足。番人殺唐人罪死，唐人殺番人則罰金無金則鬻身贖罪。唐人者諸番呼華人之稱也凡海外諸國盡然婚嫁兩家俱八日不出門畫燃燈人死置於野任鳥鳶食俄頃食盡者謂爲福報。居喪但髡其髮女子則額上剪髮如錢大曰用此報親文字以麂鹿雜皮染黑用粉爲小條畫於上，永不脫落以十月爲歲首閏悉用九月，夜分四更亦有曉天文者能算日月薄蝕其地謂儒爲班詰（pandita），僧爲苧姑（chauku）道爲八思班詰不知讀何書由此入仕者爲華貴先時項掛一白線以自別，既貴曳白如故俗尙釋教僧皆食魚肉或以供佛惟不飲酒其國自稱甘孛智後訛爲甘破蔗萬曆（一五七三至一六一九）後又改爲柬埔寨」（註八）

（註一） 參看史地叢書續編，伯希和撰眞臘風土記箋註，西域南海史地考證譯續編戈岱司撰眞臘風土記補註。

（註二） 考吉蔑（Khmér）碑文眞臘之勝扶南，蓋在五五○年前後波婆拔摩一世（Bhavavarman I）在位時，指揮戰役者似爲王弟質多斯那（Citrasena Mahendravarman）（據六○四年碑）繼質多斯那而爲王者名伊奢那拔摩（Içanavarman），應是隋書之伊奢那拔摩在位時建都城名 Vyâdhapura，殆卽隋書之伊奢那城。（見六一六年六二六年諸碑）——參看河內遠東法國學校校刊一九一八年刊第九份Coedès 撰眞臘古城考。

（註三） 據六六四年六六七年碑文國王闍耶拔摩一世（Jayavarman I）亦曾入貢於唐。——參看同一校刊一九二五年刊第二第三份Coedès 撰七世紀時柬埔寨之拓地西南。

（註四） 眞臘分爲二國時在六七○年前後，水眞臘據扶南舊境今安南南圻之地以 Vyâdhapura 爲都城，殆卽隋書之婆羅提拔陸眞臘據眞臘舊境今柬埔寨老撾之地，都城在老撾 Tha-kĕk 地方附近，——參看同一校刊一九一八年刊第九份 H. Maspero 撰八世紀至十四世紀安南柬埔寨國境考。——八○二年二國復合爲一時君臨此國者名闍耶拔摩二世（Jayavarman II Parameçvara, 802-869）似爲室利佛逝國所擁立。

（註五） 考美山諸碑，一一九○年眞臘國王闍耶拔摩七世（Jayavarman VII）取占城都城掠其神像諸蕃志作慶元已未（一一九九）通考仍之皆誤眞臘既取占婆分其國爲二北爲佛逝（Vijaya）南爲賓童龍（Pâṇḍuraṅga），各立一王主其國事已而南王倂佛逝眞臘王討之占城王逃入海不知所終嗣後眞臘遂於一二○三至

一二三〇年間併有占婆，一二三〇年又立占城舊王子俾主國事，占城遂自立。——參看同一校刊一九〇四年刊 Finot 輯美山諸碑文——G. Maspero 撰占婆史第七章。

（註六）案一一一二迄一一五二年間王眞臘者名蘇利耶拔摩二世（Sūryavarman II,）在位時曾以舟師攻安南之乂安清華沿岸（一一二八至一一二九年間）並攻取占城都城而擄其王（一一四五）。宋史金齒賓深譯名疑誤。

（註七）元代之眞臘可參看眞臘風土記。

（註八）茲三名皆爲 Kampoja 之同名異譯，關於柬埔寨歷史之研究者可參考 Aymonier, Le Cambodge, 1904; Le Clère, Histoire de Cambodge, 1904, 河內遠東法國學校校刊一九一五年刊第二份吉蔑諸王世系表。

第二章　闍婆傳

印度羅摩延（Ramayana）書首先著錄有 Yavadvipa，脫烈美（Ptolémée）書傳寫作 Iabadiu，後漢書傳寫作葉調，法顯行傳寫作耶婆提是皆蘇門答剌或爪哇古稱之同名異譯此外太平御覽卷七八八有諸薄又卷七八八有杜薄（應是社薄之訛，）疑皆爲 Java 之古譯案 Java 土名乃從 Yavadvipa 轉出除諸薄社薄尚有疑義外中國史書首先著錄者爲宋書之闍婆婆達闍婆乃其對音婆達蓋衍文也稍晚高僧傳卷三則名作闍婆唐書中闍婆作訶陵蓋爲 Ka-linga, 之對音降至元代島夷志略始有新譯名曰爪哇兹鳩輯史傳與記關係此島之文於下方：

（註一）

宋書卷九十七闍婆婆達（註二）傳曰：

「闍婆婆達國元嘉十二年（四三五）國王師黎婆達陁阿羅跋摩遣使奉表曰宋國大主大

吉天子足下，敬禮一切種智安隱天人師，降伏四魔成等正覺轉尊法輪度脫衆生敎化已周入于湼槃舍利流布，起無量塔，衆寶莊嚴，如須彌山，經法流布，如日照明，無量淨僧猶如列宿國界廣大民人衆多，宮殿城郭，如忉利天宮名大宋揚州大國大吉天子安處其中紹繼先聖王有四海閻浮提內莫不來服，悉以茲水普飲一切我雖在遠亦霑靈潤是以雖隔巨海常遙臣屬願照至誠垂哀納受若蒙聽許當年遣信若有所須惟命是獻伏願信受不生異想今遣使主佛大陁婆副使葛抵奉宣微誠稽首敬禮大吉天子足下陁婆所啓願見信受諸有所請唯願賜聽今奉微物以表微心。」

唐書卷一九七訶陵傳曰：

［訶陵國］（Kalinga）（註三）在南方海中洲上居，東與婆利（Bali），西與墮婆登北與眞臘（Kamboja）接南臨大海。豎木爲城，作大屋重閣，以椶櫚皮覆之，王坐其中，悉用象牙爲牀食不用匙筯，以手而撮亦有文字頗識星曆俗以椰樹花爲酒其樹生花長三尺餘大如人膞割之取汁以成酒味甘飮之亦醉。貞觀十四年（六四○）遣使來朝。大曆三年（七六八）四月皆遣使朝貢。元和十年（八一五）遣使獻僧祇童五人鸚鵡頻伽鳥並異種名寶以其使李訶內爲果毅訶內請迴授其

弟，詔褒而從之十三年（八一八）遣使進僧祇女二人、鸚鵡玳瑁及生犀等。」

新唐書卷二二二下訶陵傳曰：

「訶陵（Kalinga）亦曰社婆（Java）曰闍婆（Java），在南海中東距婆利（Bali），西

墮婆登南瀕海北眞臘（Kamboja）。木爲城，雖大屋亦覆以栟櫚，象牙爲牀若席出瑇瑁黃白金犀

象。國最富有穴自湧鹽以柳花椰子爲酒飲之輒醉宿皆製有文字知星曆食無匙筯有毒女與接輒

苦瘡人死屍不腐王居闍婆城其祖吉延東遷於婆露伽斯城旁小國二十八莫不臣服其官有三十

二大夫而大坐敢兄爲最貴山上有郎卑野州王常登以望海夏至立八尺表景在表南二尺四寸貞

觀中（六二七至六四九）與墮和羅（Dvaravati）墮婆登皆遣使者入貢太宗以璽詔優答墮

和羅丐良馬帝與之至上元（六七四至六七五）間國人推女子爲王號悉莫威令整蕭道不舉遺

大食君聞之齎金一囊置其郊行者輒避如是三年太子過以足躑金悉莫怒將斬之羣臣固請悉莫

曰而罪實本於足可斷趾羣臣復爲請乃斬指以徇大食聞而畏之不敢加兵大曆中（七六六至七

七九）訶陵使者三至元和八年（八一三）獻僧祇奴四五色鸚鵡頻伽鳥等憲宗拜內四門府

左果毅使者讓其弟，帝嘉美並官之訖大和（八〇六至八二〇）再朝貢咸通（八六〇至八七

三）中遣使獻女樂。憧和羅亦曰獨和羅，南距盤盤，北迦邏舍佛，西屬海東眞臘。自廣州行五月乃至。

國多美犀，世謂憧和羅犀有二鳳國曰曇陵陀洹曇陵在海洲中洹陀一曰耨陀洹，在環王西南海中。

與憧和羅接。自交州行九十日乃至。王姓察失利名婆那，字婆末無蠶桑，有稻麥麻豆畜有白象牛羊

豬俗喜樓居謂爲干欄以白㲲朝霞布爲衣親喪在室不食燂屍巳則剔髮浴於池然後食貞觀（六

二七至六四九）時並遣使者再入朝又獻婆律膏白鸚鵡首有十紅毛齊於翅因丐馬銅鐘帝與之。

憧鎏登在環王南行二月乃至東訶陵西迷黎車（Mleccha），北屬海。俗與訶陵同種稻月一熟。有

文字以貝多葉寫之死者實金于口以剑貫其體，加婆律膏龍腦衆香積薪燔之」

諸蕃志卷上闍婆國條曰：

「闍婆國（Java）又名莆家龍（Pekalongan）（註四）於泉州爲丙巳方率以冬月發船蓋

藉北風之便順風晝夜行月餘可到東至海水勢漸低女人國在焉愈東則尾閭之所泄非復人世泛

海半月至崑崙國南至海三日程泛海五日至大食國西至海四十五日程北至海四日程西北泛海

十五日至渤泥國（Borneo），又十日至三佛齊國（Palembang），又七日至古邏國（Kalah），

又七日至柴歷亭抵交趾達廣州國有寺二一名聖佛一名捨身有山出鸚鵡名鸚鵡山其王椎醫戴

金鈴衣錦袍躡革履坐方牀官吏日謁三拜而退出入乘象或腰輿壯士五七百輩執兵以從國人見

王皆坐俟其過乃起以王子三人為副王官有司馬傑落佶連（Rakryan），共治國事如中國宰相，

無月俸隨時量給土產諸物次有文吏三百餘員分主城池帑廩及軍卒其領兵者歲給金二十兩。

兵三萬歲亦給金有差土俗婚聘無媒妁但納黃金於女家以取之不設刑禁犯罪者隨輕重出黃金

以贖惟寇盜則寘諸死五月遊船，十月遊山或跨山馬或乘軟兜樂有橫笛鼓板亦能舞山中多猴不

畏人呼以霄霄之聲即出投以果實則有大猴先至土人謂之猴王先食畢羣猴食其餘國中有竹園，

有鬪雞鬪豬之戲屋宇壯麗飾以金碧賈人至者館之賓舍飲食豐潔土人被髮其衣裝纏胸下至於

膝。疾病不服藥但禱求神佛民有名而無姓。尚氣好鬪與三佛齊有響互相攻擊宋元嘉十二年（四

三五）嘗通中國後絕皇朝淳化三年（九九二）復修朝貢之禮其地坦平宜種植產稻麻粟豆無

麥耕田用牛民輸十一之租煮海為鹽多魚鼈雞鴨山羊兼椎馬牛以食果實有大瓜椰子蕉子甘蔗，

芋出象牙犀角眞珠龍腦瑪瑙檀乔茴香丁香荳蔻蓽澄茄，降眞香花簟番劍，胡椒檳榔，硫黃，紅花蘇

木白鸚鵡亦務蠶織有雜色繡絲吉貝綾布地不產茶酒出於椰子及蝦猱丹樹之中此樹華人未曾

見，或以桄榔檳榔釀成亦自清香蔗糖其色紅白味極甘美以銅銀鉳錫雜鑄爲錢六十準金一兩，

三十二準金半兩番商興販用夾雜金銀及金銀器皿五色纈絹皂綾川芎白芷硃砂綠礬白礬硼砂

砒霜漆器鐵鼎青白瓷器交易。此番胡椒萃聚商船利倍蓰之獲，往往冒禁潛載銅錢博換朝廷屢行

禁止興販番商詭計易其名曰蘇吉丹」（註五）

宋史卷四八九闍婆國傳曰：

「闍婆（Java）國在南海中其國東至海一月，泛海半月至崑崙國西至海

三日汎海五日至大食國北至海四日西北汎海十五日至渤泥（Borneo）國又十五日至三佛齊

（Palembang）國又七日至古邏（Kalah）國又七日至柴歷亭抵交趾達廣州。其地平坦宜種

植產稻麻粟豆無麥民輸十一之租。煑海爲鹽多魚鼈鷄鴨山羊兼椎牛以食果實有木瓜椰子蕉子

蔗芋出金銀犀牙篯沉檀香茴香胡椒檳榔硫黃紅花蘇木亦務蠶織有薄絹絲絞吉貝布剪銀葉爲

一五〇

一三八、

錢博易官以粟一斛二斗博金一錢室宇壯麗飾以金碧中國賈人至者，待以賓館飲食豐潔地不產茶其酒出於椰子及蝦蟆丹樹蝦蟆丹樹華人未嘗見或以檳榔檳榔釀成亦甚香美不設刑禁雜犯罪者隨輕重出黃金以贖惟寇盜者殺之其王椎髻戴金鈴衣錦袍踏革履坐方牀官吏日謁三拜而退出入乘象或腰輿壯士五七百人執兵器以從國人見王皆坐俟其過乃起以王子三人為副王官有落佉連（Rakryan）四人共治國事如中國宰相無月俸隨時量給土產諸物次有文吏三百餘員目為秀才掌文簿總計財貨又有卑官殆千員分主城池帑廩及軍卒其領兵者每半歲給金十兩，勝兵三萬每半歲亦給金有差土俗婚聘無媒妁但納黃金於女家以娶之五月遊船十月遊山有山馬可乘跨或乘軟兜樂有橫笛鼓板亦能舞土人被髮其衣裝纏胸以下至於膝疾病不服藥但禱神求佛其俗有名而無姓方言謂真珠為沒爹蝦羅謂牙為家囉謂香為崐燉盧林謂犀為低密先是宋

元嘉十二年（四三五）遣使朝貢後絕淳化三年（九九二）十二月其王穆羅茶遣使陁湛使副蒲亞里判官李陁那假澄等來朝貢陁湛云中國有真主本國乃修朝貢之禮國王貢象牙真珠綉花銷金及綉絲絞雜色絲絞吉貝織雜色絞布檀香玳瑁檳榔盤犀裝劍金銀裝劍藤織花簟白鸚鵡七

寶飾檀香亭子其使別貢玳瑁龍腦丁香藤織花簟先是朝貢使汎舶船六十日至明州定海縣掌市舶監察御史張蕭先驛奏其使飾服之狀與常來入貢波斯相類譯者言云今主舶大商毛旭者建溪人數往來本國因假其鄉導來朝貢又言其國王一號曰夏至馬囉夜（Haji Maharaja），王妃曰髫無首飾以鬘布纏身顏色青黑言語不能曉拜亦如男子膜拜。一子項戴金連鎖子手有金鉤以帛落肩娑婆利。本國亦署置僚屬又其方言目舶主爲勃荷王妻曰勃荷比尼贖其船中婦人名眉珠椎帶縈之名阿嚕其國與三佛齊有讐怨互相攻戰本國山多猴，不畏人呼以霄霄之聲即出或投以果實卽其大猴二先至土人謂之猴王猴夫人食畢羣猴食其餘使既至上令有司優待久之使還賜金帛甚厚仍賜良馬戎具以從其請。其使云隣國名婆羅門，有善法察人情人欲相危害者皆先知之大觀三年（一一〇九）六月遺使入貢詔禮之如交趾又有摩逸（Majit）國（註六）太平興國七年（九八二）載寶貨至廣州海岸建炎三年（一一二九）以南郊恩制授闍婆國主懷遠軍節度，琳州管內觀察處置等使金紫光祿大夫檢校司空使持節琳州諸軍事琳州刺史兼御史大夫上柱國，閣婆國王食邑二千四百戶實封一千戶，悉里地茶蘭固野可特授檢校司空加食邑實封紹興二年

一四〇

（一一三二）復加食邑五百戶，實封二百戶。」

島夷志略爪哇條曰：

「爪哇（Java）即古闍婆（Java）國門遮把逸山（Majapahit）係官場所居宮室壯麗，地廣人稠實甲東洋諸國舊傳國王係雷震石中而出令女子爲酋以長之其田膏沃地平衍穀米富饒，倍於他國國民不爲盜道不拾遺諺云太平闍婆者此也俗朴男子椎髻裹打布惟酋長留髻大德（一二九七至一三〇七）年間亦黑迷失平章史弼高興曾往其地令臣屬納稅貢立衙門振綱紀，設鋪兵以遞文書守常刑重鹽法使銅錢俗以銀錫鉛銅雜鑄如螺甲大名爲銀錢以權銅錢地產靑鹽，係晒成胡椒每歲萬斤極細堅耐色印布白鸚鵡之類藥物皆自他國來也貨用硝珠金銀靑緞色絹靑白花碗鐵器之屬次曰巫崙曰希苓曰三打板曰吉丹曰孫剌等地無異產故附此耳」（註七）

元史卷二一〇爪哇傳曰：

「爪哇（Java）在海外視占城（Campa）益遠，自泉南登舟海行者先至占城而後至其國。」

其風俗土產不可考大率海外諸蕃國多出奇寶取貴於中國而其人則醜怪情性語言與中國不能

相通。世祖撫有四夷其出師海外諸蕃者，惟爪哇之役為大。至元二十九年（一二九二）二月詔福

建行省除史弼亦黑迷失高與平章政事征爪哇會福建江西湖廣三行省兵凡二萬設左右軍都元

帥府二征行上萬戶四發舟千艘給糧一年鈔四萬錠降虎符十金符四十銀符百金衣段百端用備

功賞。亦黑迷失等陛辭，帝曰卿等至爪哇明告其國軍民朝廷初與爪哇通使往來交好後刺詔使孟

右丞之面以此進討。九月軍會慶元，弼亦黑迷失等領省事赴泉州與牽輜重自慶元登舟涉海十一月

福建江西湖廣三省軍會泉州。十二月自後渚啟行三十年（一二九三）正月至构欄山（Gelam）

議方略。二月亦黑迷失孫參政先領本省幕官並招諭爪哇等處宣慰司官曲出海牙楊梓全忠祖萬

戶張塔剌赤等五百餘人船十艘先往招諭之大軍繼進於吉利門（Karimon），弼與進至爪哇

之杜並足（Tuban），與亦黑迷失等議分軍下岸水陸並進。弼與孫參政帥都元帥那海萬戶寧

居仁等水軍自杜並足由戎牙路（Jaṅgala）港口至八節澗（Pachekan）與亦黑迷失帥都元

帥鄭鎮國萬戶脫歡等馬步軍自杜並足陸行以萬戶申元為前鋒遣副元帥土虎登哥萬戶褚懷遠

李忠等乘鑽鋒船由戎牙路於麻喏巴歇（Majapahit）浮梁前進赴八節澗期會招諭爪哇宣撫

下編　第三章　闍婆羅

司官言：爪哇主壻土罕必闍耶（Raden Vijaya）舉國納降土罕必闍耶不能離軍，先令楊梓甘州

不花全忠祖引其宰相昔剌難荅吒耶等五十餘人來迎三月一日會軍八節澗，澗上接杜馬班（Tu-

mapel）王府，下通莆奔大海乃爪哇咽喉必爭之地又其謀臣希寧官沿河泊舟觀望成敗再三招

諭不降行省於澗邊設儱月營留萬戶王天祥守河津土虎登哥李忠等領水軍鄭鎮國省都鎮撫

信等領馬步軍水陸並進希寧官懼棄船宵遁獲鬼頭大船百餘艘令都元帥那海萬戶寧居仁鄭珪，

高德誠張受等鎮八節澗海口大軍方進土罕必闍耶遣使來告葛郎主（Jayakatwan）追殺

至麻喏巴歇，請官軍救之亦黑迷失張參政先往安慰土罕必闍耶鄭振國引軍赴章孤接援與進至

麻喏巴歇卻稱葛郎兵未知遠近與回八節澗亦黑迷失尋報賊兵今夜當至召與赴麻喏巴歇。七日

葛郎兵三路攻土罕必闍耶八日黎明亦黑迷失孫參政率萬日李明迎賊於西南不遇與與脫歡由

東南路與賊戰殺數百人餘奔潰山谷日中西南路賊又至，與再戰至晡又敗之十五日分軍為三道

伐葛郎期十九日會荅哈（Daha），聽礮聲接戰土虎登哥等水軍泝流而上亦黑迷失等由西道與

等由東道進土罕必闍耶軍繼其後十九日至荅哈葛郎國主以兵十餘萬交戰自卯至未連三戰賊

敗奔潰擁入河，死者數萬人，殺五千餘人。國主入內城拒守官軍圍之，且招其降，是夕國主哈只萬當

出降撫諭令還。四月二日遣土罕必闍耶還其地。其入貢禮以萬戶擔只不丁甘州不花率兵二百護

送。十九日土罕必闍耶背叛逃去，留軍拒戰，擔只不丁甘州不花省掾馮祥皆遇害。二十四日軍還得

哈只萬當妻子官屬百餘人及地圖戶籍所上金字表以還。事見史弼高興傳。」（註八）

瀛涯勝覽爪哇國條曰：

「爪哇（Java）國者古名闍婆（Java）國也。其國有四處，皆無城郭：其他國船來，先至一處

名杜板（Tuban）；次至一處名新村（Geresik, Grissé）；又至一處名蘇魯馬益（Surabaya）；

再至一處名滿者伯夷（Majapahit），國王居之。其王之所居以磚為牆高三丈餘週圍約有二百

餘步。其內設重門甚整潔。房屋如樓起造高每三四丈即布以板鋪細藤簟或花草席人於其上盤膝

而坐屋上用硬木板為瓦破縫而蓋。國人住屋以茅草蓋之家家俱以磚砌土庫高三四尺藏貯家私

什物居止坐臥於其上。國王之絆髻頭或帶金葉花冠身無衣袍下圍絲嵌手巾一二條再用錦綺或

紵絲纏之於腰名曰壓腰插一兩把短刀名不剌頭（běladau）赤腳出入或騎象或坐牛車。國人之

絆，男子髻頭女子椎髻，上穿衣，下圍手巾男子腰插不剌頭一把，三歲小兒至百歲老人皆有此刀，皆

是兔毫雪花上等鑌鐵爲之其柄用金或犀角象牙雕刻人形鬼面之狀製極細巧國人男婦皆惜其

頭，若人以手觸摸其頭，或買賣之際錢物不明，或酒醉顛狂言語爭競，便拔此刀剌之強者爲勝若戳

死人其人逃避三日不出則不償命若當時捉住隨亦戳死國無鞭笞之刑事無大小即用細藤背縛

兩手擁行數步則將不剌頭於罪人腰眼或軟肋一二剌即死其國風土無日不殺人甚可畏也中國

歷代銅錢通行使用。杜板番名賭班 (Tuban)，地名也。此處約千餘家以二頭目爲主其間多有

中國廣東及漳州人流居此地雞羊魚菜甚賤海灘有一小池甘淡可飲曰是聖水傳言大元時命將

史弼高興征伐闍婆經月不得登岸船中之水已盡軍士失措其二將拜天祝曰奉命伐蠻天若與之

則衆生不與則衆無禱畢奮力插鎗海灘，泉水隨鎗插處湧出水味甘淡衆飲而得全生此天賜之助

也至今存焉於杜板投東行半日許至新村番名曰革兒昔 (Geresik, Grissé) 原係沙灘之地蓋因

中國之人來此剏居遂名新村至今村主廣東人也約有千餘家各處番人多到此處買賣其金子諸

般寶石一應番貨多有賣者民甚殷富。自新村投南船行二十餘里，到蘇魯馬益番名蘇兒把牙 (Surabaya）。其港口流出淡水，自此大船難進，用小船行二十餘里始至其地，亦有村主掌管番人千餘

家，其間亦有<u>中國</u>人。其港口有一洲，林木森茂，有長尾猢猻萬數聚於上，有一黑色老雄獨猴為主，卻

有一老番婦隨伴在側。其國中婦人無子嗣者，備酒飯果餅之類，往禱於老獨猴，其老猴喜則先食其

物，餘令衆猴爭食，食盡隨有二猴來前交感為驗，此婦回家便即有孕，否則無子也，甚為可怪。自<u>蘇兒</u>

<u>把牙</u>小船行七八十里，到埠頭名<u>章姑</u>（Changkir）登岸投西南行一日半，到<u>滿者伯夷</u>即王之居

處也。其處番人二三百家。頭目七八人以輔其王，天氣長熱如夏，田稻一年二熟，米粒細白，芝蔴菉豆

皆有，大小二麥絕無，土產蘇木、金剛子、白檀香、肉豆蔻、蓽撥、斑猫、鑌鐵、龜筒、玳瑁、奇禽有白鸚鵡如母

雞大，紅綠鸚哥，五色鸚哥、鷯哥皆能效人言語，珍珠雞倒掛鳥，五色花斑鳩，孔雀、檳榔雀、珍珠雀、綠斑

鳩之類，異獸有白鹿、白猿猴等畜，其豬羊牛馬雞鴨皆有，但無驢與鵝，其耳果有芭蕉子、椰子、甘蔗、石榴、

蓮房、莽吉柿（manggis, mangostine）如石榴樣，皮內如橘囊樣，有白肉四塊，味甜酸，甚可食；郎扱

（langsap, jaquier）如枇杷樣，略大，內有白肉三塊，味亦甜酸；甘蔗皮白、莖大，每根長二三丈，其餘

瓜茄蔬菜皆有，獨無桃李韭菜，國人坐臥無牀凳，吃食無匙筯，男婦以檳榔荖葉聚蜊灰不絕口，欲吃

飯時，先將水嗽出口中檳榔渣就洗兩手干淨圍坐用盤滿盛其飯澆酥油湯汁以手撮入口中而食，若渴則飲水。遇賓客往來無茶，止以檳榔待之國有三等人：一等回回人皆是西番各國爲商流落此

地，衣食諸事皆淸致；一等唐人皆是廣東漳泉等處人竄居此地，食用亦美潔多有從回回教門受戒

持齋者；一等土人形貌甚醜異猱頭赤脚崇信鬼教佛書言鬼國其中即此地也人吃食甚是穢惡如

蛇蟻及諸蟲蚓之類略以火燒微熟便吃家畜之犬與人同器而食夜則共寢略無忌憚舊傳鬼子魔

王青面紅身赤髮止于此地與一罔象相合而生子百餘常啖血爲食人多被食忽一日雷震石裂中

坐一人衆稱異之遂推爲王即令精兵驅逐罔象等衆而不爲害後復生齒而安焉所以至今人好兇

强年例有一竹鎗會但以十月爲春首國王令妻坐一塔車于前自坐一車于後其塔車高丈餘四面

有窗下有轉軸以馬前拽而行至會所兩邊擺列隊武各執竹鎗一根其竹鎗實心無鐵刀但削尖而

甚堅利對手男子各攜妻孥在彼各妻手執三尺短木棍立於其中聽鼓聲緊慢爲號二男子執鎗進

步抵敵交鋒三合二人之妻各持木棍格之曰那剌那剌（larak），則退散設被戳死其王令勝者

與死者家人金錢一箇死者之妻隨勝者男子而去如此勝負爲戲其婚姻之禮則男子先至女家成

親三日後迎其婦，男家則打銅鼓銅鑼，吹椰殼筒，及打竹筒鼓并放大銃，前後短刀圍牌圍繞其婦披

髮裸體跣足圍繫絲嵌手巾打佩金珠聯絡之飾腕帶金銀寶裝之鐲親朋隣里以檳榔荖葉線級草

花之類粧飾綵船而伴送之以為賀喜之禮至家則鳴鑼擊鼓飲酒作樂數日而散凡喪葬之禮如有

父母將死為兒女者先問於父母死後或犬食或火化或棄水中其父母隨心所願而囑之死後即依

遺言所斷送之若欲犬食者即擡其屍至海邊或野外地上有犬十數來食盡屍肉無遺為好如食不

盡則子女悲號哭泣將遺骸棄水中而去又有富人及頭目尊貴之人將死則手下親厚婢妾先與主

人誓曰死則同往至死後出殯之日木搭高棧下垛柴堆縱火焚棺候餘盛之際其原誓婢妾二三人，

則滿頭帶草花身披五色花手巾登跳號哭良久攛下火內同主屍焚化以為殉葬之禮番人殷富者

甚多買賣交易行使 中國歷代銅錢書記亦有字，如 鎖俚(Soli, Cola)字同無紙筆用茭葦(kajang)

葉以尖刀刻之亦有文法國語甚美軟斤秤之法每斤二十兩每兩十六錢每錢四姑邦(kubana)，

每姑邦該官秤二分一釐八毫七絲五忽每錢該官秤八分七釐五毫每兩該官秤一兩四錢每斤該

官秤二十八兩升斗之法截竹為升為一姑剌(kulak)該中國官升一升八合每番斗一斗為一檞

黎（nalik）該中國官斗一斗四升四合。每月至十五十六夜月圓清明之夜番婦二十餘人或三十

餘人聚集成隊，一婦爲首以臂膊遞相聯綰不斷于月下徐步而行爲首者口唱番歌一句，衆皆齊聲

和之，到親戚富貴之家門首則贈以銅錢等物名爲步月行樂而已。有一等人以紙畫人物鳥獸蟲

之類如手卷樣以三尺高二木爲畫幹，止齊一頭，其人蟠膝坐於地以圖畫立地，每展出一段，朝前番

語高聲解說此段來歷，衆人圍坐而聽之，或笑或哭便如說平話一般。國人最喜中國青花磁器幷麝

香銷金紵絲燒珠之類，則用銅錢買易。國王常差頭目以船隻裝載方物進貢中國。」（註九）

明史卷三二四爪哇傳曰：

「爪哇（Java）在占城（Campa）西南。元世祖時遣使臣孟琪往諭其面，世祖大舉伐之，破

其國而還洪武三年（一三六九）太祖遣使以卽位詔諭其國其使臣先奉貢於元，還至福建而元

亡，因入居京師，太祖復遣使送之還且賜以大統曆三年（一三七〇）以平定沙漠頒詔曰：「自古

爲天下主者視天地所覆載日月所照臨若遠若近生人之類莫不欲其安土而樂生然必中國安而

後四方萬國順附，邇元君安懈帖木兒荒淫昏弱，志不在民天下英雄分裂疆宇朕憫生民之塗炭興

舉義兵，攘除亂略，天下軍民共尊朕居帝位，國號大明，建元洪武。前年克取元都，四方底定，占城安南高麗諸國俱來朝貢，今年遣將北征，始知元君已沒，獲其孫買的里八剌，封爲崇禮侯。朕傚前代帝王治理天下，惟欲中外人民各安其所。又慮諸蕃僻在遠方未悉朕意，故遣使者往諭咸使聞知。九月其王昔里八達剌蒲遣使奉金葉表來朝貢方物，宴賚如禮。五年（一三七二）又遣使隨朝使常克敬來貢，上元所授宣勅三道。八年（一三七五）又貢。十年（一三七七）王八達那巴那務遣使朝貢。（註一○）其國又有東西二王東番王勿院勞網結西番王勿勞波務各遣使朝貢天子以其禮意不誠，詔留其使已而釋還之。十二年（一三七九）王八達那巴那務遣使朝貢明年（一三八○）又貢。時遣使賜三佛齊王印綬爪哇誘而殺之，天子怒留其使月餘，將加罪已遣還賜勅責之。十四年（一三八一）遣使貢黑奴三百人及他方物明年（一三八二）又貢黑奴男女百人大珠八顆胡椒七萬五千斤二十六年（一三九三）再貢明年（一三九四）又貢。成祖即位詔諭其國。永樂元年（一四○三）遣使入賀復命中官馬彬等賜以鍍金銀印西王遣使謝賜印貢方物。而東王孛令達良輔行人甯善賜其王絨錦織金文綺紗羅使者既行其西王都馬板（Tumapěl）遣使副使聞

哈亦遣使朝貢請印命遣官賜之自後二王並貢三年（一四〇五）遣中官鄭和使其國明年（一

四〇六）西王與東王構兵東王戰敗國被滅適朝使經東王地部卒入市西王國人殺之凡百七十

人。西王懼遣使謝罪帝賜敕切責之命輸黃金六萬兩以贖六年（一四〇八）再遣鄭和使其國西

王獻黃金萬兩禮官以輸數不足請下其使於獄。帝曰朕於遠人欲其畏罪而已寧利其金耶悉捐之。

自後比年一貢或間歲一貢或一歲數貢中官吳賓鄭和先後使其國時舊港（Palembang）地有

爲爪哇侵據者滿剌加（Malaka）國王矯朝命索之帝乃賜敕曰「前中官吳慶還言王恭待敕使，

有加無替比聞滿剌加國索舊港之地王甚疑懼朕推誠待人若果許之必有敕諭王何疑焉小人浮

詞，慎勿輕聽。」十三年（一四一五）其王改名揚惟西沙遣使謝恩貢方物時朝使所攜卒有遭風

飄至班卒兒（Pançūr, Baros）國者爪哇人珍班聞之用金贖還歸之王所十六年（一四一

八）王遣使朝貢因送還諸卒帝嘉之賜敕獎王幷優賜珍班。自是朝貢使臣大率每歲一至。正統元

年（一四三六）使臣馬用良言先任八諦來朝蒙恩賜銀帶今爲亞烈秩四品乞賜金帶從之閏六

月遣右里（Calicut）蘇門荅剌（Samudra）錫蘭山（Ceylan）柯枝（Cochin）天方（Mekka) 加異勒 (Cail) 阿丹 (Aden) 忽魯謨斯 (Ormuz) 祖法兒 (Zufar) 甘巴里 (Koyam-

padi?) 真臘 (Kamboja) 使臣僧爪哇使臣郭信等同往賜爪哇敕曰『王自我先朝修職勿

怠,朕今嗣復遣使來朝,意誠具悉。宣德(一四二六至一四三五)時有古里等十一國來貢,今因王

使者歸,令諸使同往王其加意撫卹分遣還國副朕懷遠之忱』五年(一四四〇)使臣回遭風溺

死五十六人存者八十三人,仍返廣東命所司廩給,俟便舟附歸八年(一四四三)廣東參政張琰

言爪哇朝貢頻數供億費煩徹中國以事遠人非計帝納之其使還賜敕曰『海外諸邦並三年一貢,

王亦宜體卹軍民一遵此制』十一年(一四四六)復三貢後乃漸稀景泰三年(一四五二)王

巴剌武(Prabhu)遣使朝貢。天順六年(一四六〇)王都馬班遣使入貢使者還至安慶酗酒與

入貢番僧鬭僧死者六人禮官請治伴送行人罪使者敕國王自治從之。成化元年(一四六五)入

貢弘治十二年(一四九九)貢使遭風舟壞止通事一舟達廣東禮官請敕所司量予賜賚遣還其

貢物仍進京師制可自是貢使鮮有至者其國近占城二十晝夜可至元師西征以至元二十九年

(一二九二)十二月發泉州明年(一二九三)正月即抵其國相去止月餘宣德七年(一四三

二）入貢表書一千三百七十六年蓋漢宣帝元康元年（前六五）乃其建國之始也。（註一一）地廣人稠，性兇悍男子無少長貴賤皆佩刀，稍忤輒相賊故其甲兵爲諸番之最字類瑣里（Soli, Cola）無紙筆刻於菱華葉氣候常似夏稻歲二稔無几楊匕箸人有三種：華人流寓者服食鮮華他國賈人居久者亦尙雅潔其本國人最汚穢好啖蛇蟻蟲蚓與犬同寢食狀黝黑猱頭赤脚崇信鬼道殺人者避之三日卽免罪父母死舁至野縱犬食之不盡則大戚燔其餘妻妾多燔以殉其國一名莆家龍（Pekalongan），又曰下港曰順塔萬曆（一五七三至一六一九）時紅毛番（註一二）築土庫於大澗東佛郎機（註一三）築於大澗西歲互市中國商旅亦往來不絕其國有新村（Geresik）最號饒富中華及諸番商舶輻輳其地寶貨塡溢其村主卽廣東人永樂九年（一四一一）自遣使表貢方物。」

同卷闍婆傳曰：

「闍婆古曰闍婆達，宋元嘉（四二四至四五三）時始朝中國，唐曰訶陵又曰社婆其王居闍婆城。宋曰闍婆省入貢洪武十一年（一三七八）其王麻那駝喃遣使奉表貢方物其後不復至或

曰爪哇卽闍婆然元史爪哇傳不言且曰其風俗物產無所考太祖時兩國並時入貢其王之名不同，

或本爲二國其後爲爪哇所滅然不可考」（註一四）

（註一）看參《交廣印度兩道考八六至一〇二頁。

（註二）南史作闍婆達，此婆達與達應衍。

（註三）此訶陵確指爪哇昔日印度移民常以印度古國名名其僑居之地，故恒河以東諸地受印度化者多有梵名如林邑占城梵名占波（Campa），雲南梵名健陀羅（Gandhara），或毘提訶（Videha）皆其例已則爪哇之以訶陵爲名亦無足異訶陵亦印度國名大唐西域記作羯餕伽

（註四）蒲家龍乃爪哇北岸名。

（註五）諸蕃志蘇吉丹條云「蘇吉丹卽闍婆之支國，西接新拖（Sunda），東連打板（Tuban），有山峻極名保老岸（Tanjong Pautuman ?）。」──參看 Hirth & Rockhill Chau Ju Kua, pp. 75-87.

（註六）麻逸國名首見諸蕃志參看本書上編第八章。

（註七）參看島夷志略校注爪哇條後考證其說間有牽合附會之處然大致可取。

（註八）參看本書上編第九章。

（註九）參看瀛涯勝覽校注爪哇條，羅登比闍耶襲擊元軍出境後建設滿者伯夷帝國自號 Kertarajasa。立國迄
　　於十五世紀末年國勢甚盛不僅統治爪哇全島並斥地至於蘇門答剌馬來半島以及馬來半島東部諸島嗣後
　　回教輸入信奉回教諸王聯合共滅滿者伯夷帝國相傳其時在一五二〇年繼滿者伯夷帝國而與之為 Demak
　　王國，一五六八年 Pajan 王國繼之，一五八六年 Mataram 王國又繼之自回教輸入以後佛教遂亡關於
　　滿者伯夷帝國之領地者可參考 Ferrand 撰大食波斯突厥文輿記第二册六五一頁及六六六頁附錄之
　　爪哇史頌及 Pásé 諸王史。

（註一〇）昔里八達剌蒲與八達那巴那務應屬一人昔里是爪哇語 Seri 之對音此言吉祥八剌蒲或巴那務是爪哇
　　語 Prabhu 之對音此言主君皆尊號而非人名考滿者伯夷帝國最盛時代適當 Hayam Vurruk 一名
　　Rajasanagara 在位之時（此王在位始一三五〇迄一三八九）爪哇蘇門答剌馬來羣島東部諸島及馬
　　來半島南部皆隸其版圖明史所載之國王應指此人至若東西二王疑指諸小王。

（註一一）案爪哇適用鏨迦（Saka）紀元其元年較晚於西曆紀元七十八年則其建元之始在漢章帝建初四年表文
　　之一千三百七十六年當西曆一千四百五十四年則在景泰五年疑修史者誤以是年表文作宣德七年（一四
　　三二）也。

（註一二）紅毛番指和蘭明史卷三二五有傳。

（註一三）佛郎機指葡萄牙明史卷三二五有傳。

（註一四）案闍婆爪哇本爲同名異譯殆史官不察誤分爲兩國，明史不乏其例：如卷三三二西域傳之 Hérat 旣有哈烈傳，復有黑婁傳，卽其例已。

第四章　三佛齊傳

梵文載籍中有地名金洲（Suvarṇadvīpa），證以義淨大唐西域求法高僧傳貞固道宏等傳，知爲室利佛逝（Śrīvijaya）國統治之蘇門答剌島此島爲印度文化東漸之第一站，而室利佛逝國地處東西交通之要衝故梵文大食文亦有著錄大食人名此國曰 Jawaka, Zābag, Sribuza, 惟其記載皆不著中國載籍之詳此國文化雖古然與中國之交通僅盛於唐宋元明四朝據義淨之記載知此國在唐時佛教盛行；據趙汝适諸蕃志，知宋以來名此國曰三佛齊南海之地爲其屬國者十五據汪大淵島夷志略知此國都城所在之淳淋邦（Palembang）一名舊港據明史知洪武九年（一三七六）洪武十年（一三七七）滿者伯夷（Majapahit）已威服三佛齊而役屬之茲輯史傳與記關係此島之文於下方：（註一）

新唐書卷二二二下室利佛逝傳曰：

「室利佛逝 (Śrīvijaya) 一曰尸利佛誓過軍徒弄 (Kundrang) 山 (註二) 二千里地東西千

里，南北四千里而遠有城十四以二國分總西曰郎婆露斯 (註三) 多金汞砂龍腦夏至立八尺表影

在表南二尺五寸國多男子有橐它豹文而犀角以乘且耕名曰它牛豹又有獸類野豕角如山羊名

曰零肉味美以饋饍其王號曷蜜多咸亨至開元 (六七〇至七四一) 間數遣使者朝表為邊吏侵

掠有詔廣州慰撫又獻侏儒僧祇女各二及歌舞官使者為折衝以其王為左威衞大將軍賜紫袍金

鈿帶後遣子入獻詔宴于曲江宰相會冊封賓義王授右金吾衞大將軍還之。」

諸蕃志卷上三佛齊國條曰：

「三佛齊 (Śrīvijaya) 間於真臘 (Kamboja) 闍婆 (Java) 之間，管州十有五在泉之正

南，冬月順風月餘方至凌牙 (Liṅga) 門，經商三分之一始入其國國人多姓蒲 (Pu, Mpu)，累

甓為城周數十里國王出入乘船身纏縵布蓋以絹傘衞以金標其人民散居城外或作牌水居鋪板

覆茅不輸租賦習水陸戰有所征伐隨時調發立酋長率領皆自備兵器糗糧臨敵敢死伯於諸國無

繒錢止鑿白金貿易四時之氣多熱少寒象畜頗類中國有花酒椰子酒檳榔蜜酒皆非麴蘗所醞飲

鰐魚不敢蹤爲患。若商舶過不入，即出船合戰期以必死，故國之舟輻輳焉蓬豐（Pahang）登牙儂

機若商舶至則縱之比年寧譴撤而不用。堆積水次土人敬之如佛，至則祠焉沃以油則光焰如新，

乾良薑大黃樟腦等物博易。其國在海中扼諸番舟車往來之咽喉，古用鐵鍊爲限以備他盜操縱有

珀番布番劍等皆大食（Arabes）諸番所產萃於本國。番商興販用金銀諸器錦綾絹糖鐵酒米、

檀香荳蔻外有眞珠乳香薔薇水梔子花腽肭臍沒藥蘆薈阿魏木香蘇合油象牙珊瑚樹貓兒睛琥

犀奔突入山人競取食之後以竹木窒其穴遂絕土地所產瑇瑁腦子沉速暫香粗熟香降眞丁香

能冠之他人莫勝也。傳禪則集諸子以冠授之能勝之者則嗣舊傳其國地面忽裂成穴出牛數萬成

（sagu）食之否則歲旱而穀貴浴以薔薇露用水則有互浸之患有百寶金冠重甚每大朝會惟王

有病劇以銀如其身之重施國之窮乏者亦可緩死俗號其王爲龍精。（註四）不敢穀食惟以沙糊

金鑄每國王立先鑄金形以代其軀用金爲器皿供奉甚嚴其金像器皿各鐫誌示後人勿毀國人如

刑。國王死國人削髮成服其侍人各願殉死積薪烈焰躍入其中名曰同生死。有佛名金銀山佛像以

之亦醉國中文字用番書以其王指環爲印亦有中國文字，上表章則用爲國法嚴犯姦男女悉寶極

（Trenganu）凌牙斯加（Laṅkāsuka）吉蘭丹（Kelantan）佛羅安（Beranang）日羅亭

（Yiruditgam）潛邁（Khmer?）拔沓（Battak）單馬令（Tāmbraliṅga）加羅希（Grahi,

Jaya,）巴林馮（Palembang）新拖（Sunda）監篦（Kāmpar）藍無里（Lāmurī）細蘭

（Silan, Ceylan）皆其屬國也其國自唐天祐（九〇四至九〇六）始通中國皇朝建隆間，

（九六〇至九六二）凡三遣貢淳化三年（九九二）告爲闍婆所侵乞降詔諭本國從之咸平六

年（一〇〇三）上言本國建佛寺以祝聖壽願賜名及鐘上嘉其意詔以承天萬壽爲額幷以鐘賜

焉。至景德（一〇〇四至一〇〇七）祥符（一〇〇八至一〇一六）天禧（一〇一七至一〇二

一）元祐（一〇八六至一〇九三）元豐（一〇七八至一〇八五）貢使絡繹輒優詔獎慰之其

國東戎牙路（Jaṅgala）」（註五）

宋史四八九三佛齊傳曰：

「三佛齊（Śrīvijaya），國蓋南蠻之別種，與占城（Campa）爲鄰居眞臘（Kamboja）闍

婆（Java）之間所管十五州土產紅藤紫礦箋沉香檳榔椰子無緡錢土俗以金銀貿易諸物四時

之氣，多熱少寒冬無霜雪。人用香油塗身其地無麥有米及青白豆鷄魚鵝鴨頗類中土；有花酒椰子酒檳榔酒蜜酒，皆非麴蘖所醖飲之亦醉樂有小琴小鼓崑崙奴踏曲爲樂國中文字用梵書（註六）以其王指環爲印亦有中國文字上表章卽用爲累甎爲城周數十里用椰葉覆屋人民散居城外不輸租賦有所征伐隨時調發立酋長率領皆自備兵器糧糗汎海便風二十日至廣州其王號詹卑，

（註七）其國居人多蒲（Pu, Mpu）姓唐天祐元年（九〇四）貢物授其使都蕃長蒲訶栗寧遠將軍建隆元年（九六〇）九月其王悉利胡大霞里檀（Seri Kuda Haridona?）遣使李遮帝來朝貢。二年（九六一）夏又遣使蒲蔑貢方物是冬其王蜜利烏耶（Srī Wuja?）遣使茶野伽物，副使嘉末吒朝貢其國號生留，（註八）王李犀林男迷日來亦遣使同至貢方物三年（九六二）春室利烏耶又遣使李麗林副使李鵄末判官吒吒壁等來貢迴賜以白㲲牛尾白磁器銀器錦線鞍轡二副開寶四年（九七一）遣使李何末以水晶火油來貢五年（九七二）又來貢七年（九七四）又遣使蒲陁又貢象牙乳香薔薇水萬歲棗褊桃白沙糖水晶指環瑠璨瓶珊瑚樹八年（九七五）又遣使蒲陁漢等貢方物賜以冠帶器幣。太平興國五年（九八〇）其王夏池（Haji）遣使茶龍眉來是年潮

州言三佛齊國蕃商李甫誨乘舶船載香藥犀角象牙至海口會風勢不便，飄船六十日至潮州其香藥悉送廣州八年（九八三）其王遐至（Haji）遣使蒲押陀羅來貢水晶佛錦布犀牙香藥雍熙二年（九八五）舶主金花茶以方物來獻端拱元年（九八八）遣使蒲押陀黎貢方物淳化三年（九九二）冬廣州上言蒲押陀黎前年自京迴聞本國爲闍婆所侵住南海凡一年今春乘舶至占城偶風信不利復還乞降詔諭本國從之。咸平六年（一〇〇三）其王思離朱囉無尼佛麻調華（Sricūlamanivarmadeva）（註九）遣使李加排，副使無陀李南悲來貢且言本國建佛寺以祝聖壽願賜名及鐘。（註一〇）上嘉其意詔以承天萬壽爲寺額，并鑄鐘以賜授加排歸德將軍，無陀李南悲懷化將軍。大中祥符元年（一〇〇八）其王思離麻囉皮（Srīmāravijayottungavarman）（註一一）遣使李加排，副使蒲婆判官麻河勿來貢許赴泰山陪位於朝覲壇遣賜甚厚天禧元年（一〇一七）其王霞遲蘇勿吒蒲迷（Haji Sumuṭabhūmi）（註一二）遣使蒲謀西等奉金字表貢眞珠象牙梵夾經崑崙奴詔許調會靈觀遊太淸寺金明池及還賜其國詔書禮物以慰獎之天聖六年（一〇二八）八月其王室離疊華（Srīdeva）遣使蒲押陀羅歇，及副使判官亞加盧等來

貢方物；舊制遠國使入貢賜以間金塗銀帶，時特以渾金帶賜之。熙寧十年（一○七七）使大首領

地華伽囉（Devakala）來以爲保順慕化大將軍賜詔寵之曰：『吾以聲教覆露方域不限遠邇苟

知決忠而來者，莫不錫之華爵耀以美名以寵異其國爾悅慕皇化，浮海貢琛，吾用汝嘉併超等秩，

以昭忠義之勸。』元豐中（一○七八至一○八五）使至者再率以白金眞珠婆律薰陸香備方物。

廣州受表入言俟報乃護至闕下天子念其道里遙遠每優賜遣歸二年（一○七九）賜錢六萬四

千緡銀一萬五百兩官其使羣陀畢羅爲寧遠將軍官陀旁亞里爲保順郎將畢羅乞買金帶白銀器

物及僧紫衣師牒皆如所請給之三年（一○八○）廣州南蕃綱首以其主管國事國王之女唐字

書寄龍腦及布與提擧市舶孫迴迴不敢受言於朝詔令估直輸之官悉市帛以報五年（一○八

二）遣使皮襖副使胡仙判官地華加羅來入見以金蓮花貯眞珠龍腦撒殿官皮襖爲懷遠將軍，胡

仙加羅爲郞將；加羅還至雍邱病死賻以絹五十四疋。紹聖中（一○九四至一○九七）再入貢紹興二十六年

副使羅悉沙文判官悉理沙文爲郞將。紹聖中（一○九四至一○九七）再入貢紹興二十六年

（一一五六）其王悉利麻霞囉蛇（Srīmaharāja, Seri Maharāja）遣使入貢帝曰遠人向化，

嘉其誠耳非利乎方物也其王復以珠獻宰臣秦檜詔償其直而收之。淳熙五年（一一七八）復遣使貢方物詔免赴闕館於泉州。」

島夷志略三佛齊條曰：

「自龍牙（Linga）門去，五晝夜至其國。其國人多姓蒲（Pu, Mpu）習水陸戰官兵服藥刀兵不能傷以此雄諸國其地人烟稠密田土沃美氣候暖春夏常雨俗淳男女椎髻穿青棉布短衫繫東冲布。喜潔淨故於水上架屋採蚌蛤為鮓煮海為鹽釀秫為酒有酋長地產梅花片腦中等降眞香檳榔木棉布細花木貿易之貨用色絹紅硝珠絲布花布銅鐵鍋之屬。舊傳其國地忽穴出牛數萬人取食之後用竹木塞之乃絕。」

島夷志略舊港條曰：

「自淡港（Sumi Sumsan）入彭家門（Banka），民以竹代舟道多磚塔田利倍於他壤，云一年種穀三年生金言其穀變而為金也後西洋人（註一三）聞其田美故造舟來取田內之土骨以歸彼田為之脈而種穀，舊港之田金不復生亦怪事也氣候稍熱男女椎髻以白布為捅為海為鹽釀

椰漿爲酒有酋長地產黃熟香頭，金顏香，木棉花，冠諸蕃黃蠟粗降眞絕香鶴頂中等沉速貿易之貨

用門邦九珠四色燒硃麒麟粒處甕銅鼎五色布大小水埕甕之屬」（註一四）

瀛涯勝覽舊港條曰：

「舊港即古名三佛齊（Śrīvijaya）國是也番名曰淳淋邦（Palembang）屬爪哇（Java）

國所轄東接爪哇國西接滿剌加（Malaka）國界南距大山北臨大海諸處船來先至淡港入彭

家（Banka）門裏繫船於岸岸上多磚塔用小船入港內則至其國國人多是廣東漳泉州人逃

居此地人甚富饒地土甚肥諺云：一季種穀三季收稻正此地也地方不廣，人多操習水戰其處水多

地少頭目之家都在岸地造屋而居其餘民庶皆在木筏上蓋屋居之用樁纜捲繫在岸水長則筏浮，

不能淹沒或欲於別處居者則起樁連屋移去不勞搬移其港中朝暮二次暗長潮水國人風俗婚姻

死葬之禮以至言語及飲食衣服等事亦皆與爪哇相同昔洪武（一三六八至一三九八）年間廣

東人陳祖義等全家逃於此處充爲頭目甚是豪橫凡有經過客人船隻輒便刼奪財物至永樂五年

（一四〇七）朝廷差太監鄭和等統領西洋大粽寶船到此處有施進卿者亦廣東人也來報陳祖

義兒橫等情，被太監鄭和生擒陳祖義等回朝伏誅。就賜施進卿冠帶歸舊港爲大頭目以主其地。本

人死位不傳子是其女施二姐爲王，一切賞罰黜陟皆從其制。土產鶴頂鳥黃速香降眞香沉香金銀

香黃蠟之類金銀香中國與他國皆不出其香如銀匠鍍銀器黑膠相似中有一塊似白蠟一般在內，

好者白多黑少低者黑多白少燒其香氣味甚烈爲觸人鼻，西番幷鎖俚（Soli, Cola）人等甚愛

此香鶴頂鳥（buceros）大如鴨毛黑頸長嘴尖其腦蓋骨厚寸餘，外紅裹如黃蠟之嬌甚可愛謂之

鶴頂堪作腰刀靶鞘擠機之類又出一等火雞（casoar）大如仙鶴圓身簇頸，比鶴頸更長頭上有

軟紅冠似紅帽之狀又有二片生於頸中嘴尖渾身毛如羊毛稀長青色脚長鐵黑爪甚利害亦能破

人腹腸出即死好吃炆炭遂名火雞用棍打碎莫能死又山產一等神獸名曰神鹿（tapir）如巨豬

高三尺許前半截黑後一段白花毛純短可愛嘴如猪嘴不半四蹄卻有三跆止食草木不

食葷腥其牛羊猪犬雞鴨幷蔬菜瓜果之類與爪哇一般皆有彼處人多好博戲如把龜弈棋鬪雞之

類皆賭錢物市中交易亦使中國銅錢幷用布帛之類國王亦每以方物進貢朝廷逮今未絕」

《明史》卷三二四三佛齊傳曰：

下編　第四章　三佛齊傳

「三佛齊(Śrīvijaya)古多干陀利,(註一五)劉宋孝武帝時(四五四至四六四)常遣使

奉貢。梁武帝時(五〇二至五四九)數至。宋名三佛齊,修貢不絕。洪武三年(一三七〇)太祖遣

行人趙述詔諭其國。明年(一三七一)其王馬哈剌札八剌卜(Mahārāja Prabhu)遣使奉金

葉表隨入貢黑熊火雞孔雀五色鸚鵡諸香芯布兜羅被諸物詔賜大統曆及錦綺有差戶部言其貨

舶至泉州,宜徵稅命勿徵。七年(一三七四)王麻那哈寶林邦(Mahārāja Palembañ)遣使來

貢。八年(一三七五)正月復貢。九月王僧伽烈宇蘭遣使隨詔諭拂菻國朝使入貢。九年(一三七

六)怛麻沙那阿者卒子麻那者巫里(Mahārāja Wuli?)嗣明年(一三七七)遣使貢犀牛,

黑熊,火雞白猴紅綠鸚鵡龜筒,及丁香米腦諸物。使者言嗣子不敢擅立,請命於朝天子嘉其義命使

臣齎印敕封為三佛齊國王時爪哇(Java)強,已威服三佛齊而役屬之,聞天朝封為國王與己埒,

則大怒遣人誘朝使邀殺之天子亦不能問罪其國益衰貢使遂絕三十年(一三九七)禮官以諸蕃

久缺貢奏聞帝曰「洪武初諸蕃貢使不絕邇者安南占城(Campa)真臘(Kamboja)暹羅

(Siam)爪哇大琉球三佛齊浡泥(Borneo)彭亨(Pahang)百花蘇門答剌(Sumatra)

西洋等三十國以胡惟庸作亂（一三八〇），三佛齊乃生間諜，紿我使臣至彼。爪哇王聞知，遣人戒
飭，禮送還朝。由是商旅阻遏，諸國之意不通，惟安南、占城、眞臘、暹羅、大琉球朝貢如故，大琉球且遣子
弟入學，凡諸蕃國使臣來者皆以禮待之，我視諸國心不薄，未知諸國心若何。今欲遣使，爪哇恐三佛齊
中途阻之。聞三佛齊本爪哇屬國，可逃朕意，移咨暹羅俾轉達爪哇。」於是部臣移牒曰：「自有天地
以來，即有君臣上下之分，中國四裔之防，我朝混一之初，海外諸蕃，莫不來享，豈意胡惟庸謀亂，三佛
齊遂生異心，紿我信使肆行巧詐。我聖天子一以仁義待諸蕃，何諸蕃敢背大恩失君臣之禮，倘天子
震怒，遣一偏將將十萬之師，恭行天罰，易如覆手。爾諸蕃何不思之甚。我聖天子嘗曰：安南、占城、眞臘、
暹羅、大琉球皆修臣職，惟三佛齊梗我聲教。彼以蕞爾之國，敢倔強不服，自取滅亡，爾暹羅恪守臣節，
天朝眷禮有加，可轉達爪哇，令以大義告諭三佛齊，誠能省愆從善，則禮待如初。」時爪哇已破三佛
齊，據其國，改其名曰舊港，三佛齊遂亡，國中大亂，爪哇亦不能盡有其地，華人流寓者往往起而據之。
有梁道明者，廣州南海縣人久居其國閩粵軍民泛海從之者數千家，推道明爲首雄視一方，會指揮
孫鉉使海外遇其子，挾與俱來。永樂三年（一四〇五）成祖以行人譚勝受與道明同邑命偕千戶

下編　第四章　三佛齊傳

一七九

一六七

揚信等齎敕詔之，道明及其黨鄭伯可隨入朝貢方物，受賜而還。四年（一四〇六）舊港頭目陳祖
義遣子士良道明遣從子觀政並來朝，祖義亦廣東人，雖朝貢而爲盜海上，貢使往來者苦之。五年
（一四〇七）鄭和自西洋還，遣人詔諭之，祖義詐降潛謀邀劫。有施進卿者告於和，祖義來襲被禽，
獻於朝伏誅。時進卿適遣壻邱彥誠朝貢，命設舊港宣慰司以進卿爲使錫誥印及冠帶自是屢入貢。
然進卿雖受朝命猶服屬爪哇，其地狹小，非故時三佛齊比也。二十二年（一四二四）遣使入貢訴
舊印爲火燬帝命重給其後期貢漸稀嘉靖末（一五六六）廣東大盜張璉作亂官軍已報克獲萬
曆五年（一五七七）商人詣舊港見璉列市爲舶長漳泉人多附之，猶中國市舶官云其地爲諸蕃
要會在爪哇之西順風八晝夜可至轄十五州土沃宜稼語云一年種穀三年生金言收獲盛而貿金
多也俗富好淫習於水戰鄰國畏之地多水惟部領陸居庶民皆水居編筏築室繫之於椿水漲則筏
浮無沉溺患徒則拔椿去之不費財力下稱其上曰詹卑猶國君也後大酋所居，即號曰詹卑國（Jam-
bi），改故都爲舊港初本富饒自爪哇破滅後漸致蕭索商舶鮮至其地風俗物產具詳宋史。

（註一）四文摭逃可參考 Ferrand 崑崙及南海古代航行考蘇門答剌古國考； Coedès 室利佛逝國見河內遠東

法國學校校刊一九一八年刊第六分；Mookerji, Indian Shipping 編。

（註二）軍徒弄山買耽訖廣州通海夷道作軍突弄山（參看本書上編第六章）即大食人之 Kundrang，今之 Pu-lo Condore 島明代載籍中之崑崙山也。

（註三）郎婆露斯伯希和交廣印度兩道考（二二一至二二三頁）採 Kern 之說考訂爲蘇門答剌西岸之 Baros，亦即大食人輿記中之 Balūs，義淨之婆魯師洲，然於「郎」字既未考其對音亦未斷爲衍文余以爲此郎婆露斯殆別有所指，考大食人輿記中有 Langabalūs 以名 Nicobar 羣島即唐代載籍中之翠藍嶼，疑即此郎婆露斯之對音「二國分總」猶言窒利佛逝分爲二洲，西洲爲裸人國，東洲爲蘇門答剌。諸蕃志屬國十五，無此島名，疑視其爲本國也突厥人 Sīdī Alī Čelebī (1554) 行紀名此島曰 Nāgabārī，印度 Tanjore 城一○三○年所建 Tamil 語文碑名此島曰 Nakkavaram 應是此突厥語名之所本。

（註四）疑 Tamil 語詩及南海故專閣婆迦島有龍城 (Nāgipura) 及注輦 (Chūlyan, Cola) 王婆龍文 (Nā-
日) 生子之事。

（註五）原註作「或作重迦盧」皆 Jangala 之對音。

（註六）宋史南海諸國傳多錄諸蕃志文此處諸蕃志原作番書，宋史改作梵書，核以南海出土碑文室利佛逝國所用文字或爲梵文或以梵文寫南海語。

（註七）案詹卑一名首見嶺外代答卷二據載一一七九年三佛齊國遣詹卑國使入貢，則詹卑爲地名，非王名明史三佛

齊傳云下稱其上曰詹卑獷國君也，後大酋所居卽號詹卑國考詹卑卽 Palembang 北 Jambi 河名之對音謂爲君號不知何所本。

（註八）失留疑爲末留之誤古譯作摩羅遊，Malayu 之對音也。

（註九）此王名見注輦王所立梵文碑參看蘇門答剌古國考三三頁。

（註一〇）案此與註九引注輦碑文所誌之朱羅摩尼跋摩寺疑同爲一事。

（註一一）此王名亦見註九所引注輦碑。

（註一二）考其對音應是 Haji Sumuntabhūmi，霞遷宋史同傳亦作夏池或霞至古爪哇語獷言地或國；蘇勿吒乃 Sūmūtra 或 Sumuta 之對音乃今蘇門答剌 (Sumatra) 島名見於中國載籍之最古記錄，則爲王號非王名矣。——參看西域南海史地考證譯叢續編一二一至一二五頁。

（註一三）據此知稱印度洋爲四洋始於元代不僅明代惟然也。

（註一四）島夷志略兩諸此島者蓋以三佛齊稱全島以舊港稱巴林馮也。

（註一五）干陀利梁書卷五四有傳傳僅言國在南海洲上其俗與林邑扶南略同未明著其在何洲明史之比附似本於張燮東西洋考是書卷三舊港條云舊港古三佛齊國也初名干陀利也又名渤淋，然未知其何所本。明人考證史地類多附會之說未能必室利佛逝國之前，初名干陀利也考其對音應作 Kandali 梵語猶言芭蕉昔日南海似無此國名。

一八二

第五章　南海羣島諸國傳

南海以南，太平洋印度洋間島嶼無數，其間能成爲大國者有二曰室利佛逝曰滿者伯夷具詳本編第三四兩章。此外蘇門答刺爪哇兩島中之支國與夫其他諸島國曾與中國通而經史傳輿記著錄者何止數十國茲特於本章中裒輯其文而比附之。但以今地可考者爲限，餘多不錄，其無事蹟可供參稽如島夷志略所誌諸國亦僅錄其重要者而已首蘇門答刺，次爪哇，次爪哇海中諸島，次渤泥，次蘇祿，次菲律賓羣島，次美洛居羣島。

（一）蘇門答刺（Pasè）（註一）

島夷志略須文答刺（Sūmūtra, Pasè）條曰：

「峻嶺掩抱，地勢臨海田磽穀少男女繫布縵俗薄其酋長人物修長一日之間必三變色或青或黑或赤每歲必殺十餘人取自然血浴之則四時不生疾病故民皆畏服焉男女椎髻繫紅布土產

腦子粗降眞香味短鶴頂斗錫種茄樹高丈有餘經三四年不瘁生茄子以梯摘之如西瓜大重十餘

斤。貿易之貨用西洋絲布樟腦薔薇水黃油傘青布五色緞之屬。」

瀛涯勝覽蘇門答剌國條曰：

「蘇門答剌（Sumutra）國即古須文達那（Sumutra）國是也其處乃西洋之總路寶船

自滿剌加（Malaka）國向西南好風五晝夜先到濱海一村名荅魯蠻繫船往東南十餘里可到其

國無城郭，有一大溪皆淡水流出於海，一日二次潮水長落其海口浪大船隻常有沈沒其國南去有

百里數之遠是大深山：北是大海東亦是大山至阿魯（Aru）國界：正西邊大海其山連小國二處，

先至那孤兒（Battak）王界，又至黎代（Lidé）王界其蘇門答剌國王先被那孤兒花面王侵掠

戰鬭身中藥箭而死有一子幼小不能與父報仇其王之妻與衆誓曰：有能報夫死之讐復全其地者，

吾願妻之共主國事訖本處有一漁翁奮志而言，我能報之遂領兵衆當先殺敗花面王復雪其讐。

花面王被殺其衆退伏不敢侵擾王妻於是不負前盟即與漁翁配合稱爲老王家室地賦之類悉聽

老王裁制。永樂七年（一四〇九）効職進貢方物，而沐天恩。永樂十年（一四一二）復至其國其

先王之子長成，陰與部領合謀殺義父漁翁奪其位管其國。漁翁有嫡子名蘇幹剌（Sekandar）領

衆挈家逃去鄰山自立一寨不時率衆侵復父讐。永樂十三年（一四一五）正使太監鄭和等統領

大綜寶船到彼，發兵擒獲蘇幹剌赴闕明正其罪。其王子感荷聖恩常貢方物於朝廷。其國四時氣候

不齊，朝熱如夏暮寒如秋五月七月間亦有瘴氣。山產硫黃出於巖穴之中其山不生草木土石皆焦

黃色。田土不廣惟種旱稻一年二熟大小二麥皆無其胡椒倚山居住人家置園種之藤蔓而生若中

國廣東甜菜樣開花黃白色結椒成實生則青老則紅候其半老之時摘採曬乾貨賣其椒粒虛大者，

即此處椒也每官秤一百斤彼處賣金錢八十直銀一兩果有芭蕉子甘蔗莽吉柿波羅蜜之類有一

等臭果番名賭爾焉（durian），如中國水雞頭樣長八九寸皮生尖刺，熟則五六瓣裂開若爛牛肉

之臭，內有栗子大酥白肉十四五塊甚甜美可食，其中更皆有子，炒而食之，其味如栗。酸橘甚廣四時

常有，若洞庭獅柑綠橘樣其味不酸可以久留不爛又一等酸子番名俺拔（amba, mango）如大

消梨樣頗長綠皮其氣香烈欲食簽去其皮批切外肉而食酸甜甚美核如雞子大其桃李等果俱無。

蔬菜有葱蒜薑芥東瓜至廣長久不壞，西瓜綠皮紅子有長二三尺者。人家廣養黃牛乳酪多有賣者。

羊皆黑色並無白者雞無翄者番人不識扇雞惟有母雞雄雞大者七斤略煮便軟其味甚美絕勝別

國之雞鴨脚低矮大有五六斤者桑樹亦有人家養蠶不會繰絲只會做棉其國風俗淳厚書語書記

婚喪穿拌衣服等事皆與滿剌加國相同其民之居住其屋如樓高不鋪板但用椰子檳榔二木劈成

條片以藤札縛再鋪藤簟高八尺人居其上高處亦鋪閣棚此處多有番船往來所以國中諸般番貨

多有賣者其國使金錢錫錢金錢番名底那兒 (dinar) 以七成淡金鑄造每箇圓徑官寸五分而

底有紋官秤二分三釐一日每四十八箇重金一兩四分錫錢番名加失凡買賣恆以錫錢使用國中

一應買賣交易皆以十六兩爲一斤數論價以通行四方。」

〔明史卷三二五蘇門答剌傳曰:

「蘇門答剌 (Sūmūtra) 在滿剌加 (Malaka) 之西順風九晝夜可至或言即漢條枝唐波

斯大食二國地西洋會要也成祖初遣使以即位詔諭其國永樂二年(一四〇四)遣副使聞良輔

行人甯善賜其酋織金文綺綵錦紗招徠之中官尹慶使爪哇便道復使其國三年(一四〇五)

鄭和下西洋復有賜和未至其酋宰奴里阿必丁已遣使隨慶入朝貢方物詔封爲蘇門答剌國王賜

印誥綵幣襲衣遂比年入貢，終成祖世不絕。鄭和凡三使其國。先是其王之父與鄰國花面王戰，中矢死。王子年幼，王妻號於眾曰：孰能為我報仇者，我以為夫與共國事。有漁翁聞之率國人往擊，戮其王而還。王妻遂與之合，稱為老王。既而王子年長潛與部領謀殺老王而襲其位。老王弟蘇幹剌逃山中，連年率眾侵擾。十三年（一四一五）和復至其國，蘇幹剌以頒賜不及已怒，統數萬人邀擊和。勒部卒及國人禦之，大破賊眾追至南渤利（Lamuri）國俘以歸。其王遣使入謝。宣德元年（一四二六）遣使入賀。五年（一四三〇）帝以外蕃貢使多不至，遣和及王景弘遍歷諸國頒諭曰：『朕恭膺天命祇承太祖高皇帝太宗文皇帝仁宗昭皇帝大統君臨萬邦體祖宗之至仁普輯寧於庶類。已大赦天下，紀元宣德。爾諸蕃國遠在海外未有聞知，茲遣太監鄭和王景弘等齎詔往諭其各敬天道，撫人民共享太平之福。』凡歷二十餘國蘇門答剌與焉。明年（一四三一）遣使入貢者再。八年（一四三三）貢麒麟。九年（一四三四）王弟哈利之漢來朝，卒於京，帝憫之贈鴻臚少卿賜誥有司治喪葬置守塚戶。時景弘再使其國，王遣弟哈尼者罕隨入朝。明年（一四三五）至言王老不能治事請傳位於子，乃封其子阿卜賽亦的為國王。自是貢使漸稀，成化二十二年（一四八六）其使

者至，廣東有司驗無印信勘合，乃藏其表於庫卻還其使，別遣番人輸貢物京師稍有給賜，自後貢使

不至。迨萬曆間（一五七三至一六一九）國兩易姓其時爲王者人奴也。奴之主爲國大臣握兵柄。

奴桀黠主使牧象象肥俾監魚稅，日以大魚奉其主。主大喜俾給事左右。一日隨主入朝見王尊嚴若

神主鞠躬惟謹出謂主曰：主何恭之甚。主曰：彼王也，爲敢抗曰。主弟不欲王爾，欲之，主卽王矣。主詫

叱退之。他日又進曰：王左右侍衞少主擁重兵出鎭，必入辭請以奴從主言有機事乞屏左右王必不

疑，奴乘間刺殺之，奉主爲王猶反掌耳。主從之，奴殺王，大呼曰：王不道吾殺之。吾主卽王矣。敢異議者

齒此刃，衆慴服不敢動。其主遂篡位任奴爲心腹，委以兵柄。未幾奴復殺主而代之，乃大爲防衞拓其

宮建六門，不得闌入，雖勛貴不得帶刀上殿出乘象象駕亭而帷其外，如是者百餘俾人莫測王所在。

其國俗頗淳出言柔媚惟王好殺，歲殺十餘人取其血浴身謂可除疾。貢物有寶石瑪瑙水晶石青，回

回青善馬犀牛龍涎香沉香速香木香丁香降眞香刀弓錫鎖服胡椒蘇木硫黃之屬貨舶至貿易稱

平地本瘠無麥有禾一歲二稔。四方商賈輻輳，華人往者以地遠價高獲利倍他國其氣候朝如夏，

暮如秋夏有瘴氣婦人裸體惟腰圍一布其他風俗類滿剌加篡弒後易國名曰啞齊（Acheh, Ac-

中國南洋交通史　一七六　一八八

hin)。」

同卷須文達那傳曰:

「須文達那 (Sūmuṭra) 洪武十六年（一三八三）國王殊旦麻勒兀達盼遣使俺八兒來朝,貢馬二四,幼苂布十五匹隔著布入的力布各二匹花滿直地二番綵紬直地二兜羅綿二斤撒剌八二箇幼賴革著一箇撒哈剌一箇及薔薇水沉香速香諸物命賜王大統曆綺羅寶鈔使臣襲衣。或言須文達那即蘇門答剌,洪武時（一三六八至一三九八）所更,然其貢物與王之名皆不同,無可考.」

（二）藍無里 (Lāmurī)（註二）

諸蕃志藍無里國條曰:

「藍無里 (Lāmurī) 國土產蘇木象牙白藤,國人好鬭多用藥箭北風二十餘日到南毗 (Na-mburi) 管下細蘭 (Ceylan) 國。自藍無里風帆將至其國必有電光閃爍,知是細蘭也,（註三）其王黑身而逆毛露頂不衣止纏五色布蹋金線紅皮履出騎象或用軟兜曰啖檳榔煉眞珠爲灰屋宇

下編　第五章　南海羣島諸國傳

一八九　一七七

悉用貓兒晴及青紅寶珠瑪瑙雜寶粧飾，仍用藉地以行。東西有二殿，各植金樹柯莖皆用金花實并

葉則以貓兒晴青紅寶珠等為之其下置金椅以琉璃為壁王出朝，早升東殿，晚升西殿坐處常有寶

光蓋日影照射琉璃與寶樹相映如霞光閃爍然二人常捧金盤從承王所唼檳榔滓從八月輪金一

鎰於官庫以所承檳榔滓內有梅花腦幷諸寶物也。王握寶珠徑五寸火燒不煖夜有光如炬王日用

以拭面年九十餘顏如童國人肌膚甚黑以縵纏身露頂跣足以手掬飯器皿用銅有山名細輪疊

(Sirandib, Pic d' Adam)，頂有巨人跡長七尺餘其一在水內去山三百餘里其山林木低昂，周

環朝拱產貓兒晴紅玻璃腦青紅寶珠地產白荳蔻木蘭皮犀細香番商轉易用檀香丁香腦子金銀

甕器馬象絲帛等為貨歲進貢于三佛齊 (Palembang)。」

島夷志略喃哑哩條曰：

「地當喃哑哩 (Lámuri) (註四) 之要衝大波如山勵盪日月，翠洋之際疑若無地。民居環山，

各得其所。男女椎髻露體繫布捎田瘠穀少氣候暖俗尙刧掠亞於牛單錫也。(註五) 地產鶴頂龜筒

玳瑁降眞香冠於各番貿易之貨用金銀鐵器薔薇水紅絲布樟腦青白花碗之屬夫以舶歷風濤回

經此國幸而免於魚龍之厄，而又罹虎口莫能逃之，亦風迅雨之乖時使之然哉」。

瀛涯勝覽南浡里國條曰：

「自蘇門答剌・(Pase) 往正西好風行三晝夜可到其國邊海人民止有千家餘皆是回回

人甚朴實地方東接黎代 (Lide) 王界西北皆臨大海南去是山山之南又是大海。

人王居屋處用大木高四丈如樓起造樓下俱無裝飾縱放牛羊牲畜在下樓上四邊以板折落甚潔

坐臥食處皆在其上民居之屋與蘇門答剌國同。其處黃牛水牛山羊雞鴨蔬菜皆少魚蝦甚賤米穀

少使用銅錢山產降眞香，此處至好名蓮花降幷有犀牛國之西北海內有大平頂峻山半日可到名

帽山 (Pulo weh?)。其山之西亦皆大海，正是西洋也番名那沒嚟 (Lāmurī) 洋西來過洋船隻

收帆俱望此山爲准。其邊二丈上下淺水內生海樹彼人撈取爲寶物貨賣卽珊瑚也其樹大者高二

三尺根頭有一大拇指大根，如墨之沉黑如玉石之溫潤稍上椏枝婆娑可愛根頭大處可碾爲帽珠

器物其帽山脚下亦有居民二三十家各自稱爲王若問其姓名則曰阿菰喇楂我便是王以答或問

其次則曰阿菰喇楂我亦是王甚可笑也其國屬南浡里國所轄其南浡里王常跟寶船將降眞香等

物貢於中國」

明史卷三二五南渤利傳曰：

「南渤利（Lǎmurī）在蘇門答剌（Pasē）之西，順風三晝夜可至。王及居民皆回回人，僅千餘家，俗朴實，地少穀，人多食魚蝦。西北海中有山甚高大曰帽山（Pulo weh?）其西復大海名那沒黎（Lǎmurī）洋，西來洋船俱望此山為準。近山淺水內生珊瑚，樹高者三尺許。永樂十年（一四一二）其王馬哈麻沙遣使附蘇門答剌使入貢，賜其使襲衣，賜王印誥錦綺羅紗綵幣，遣鄭和撫諭其國。終成祖時比年入貢，其王子沙者罕亦遣使入貢。宣德五年（一四三〇）鄭和遍賜諸國，南渤利（Lǎmurī）亦與焉」。

卷三二六南巫里傳曰：

「南巫里（Lǎmurī）在西南海中。永樂三年（一四〇五）遣使齎璽書綵幣撫諭其國。六年（一四〇八）鄭和復往使。九年（一四一一）其王遣使貢方物，與急蘭丹（Kelantan）加異勒（Cail）諸國偕來，賜其王金織文綺金繡龍衣銷金帷幔及織蓋諸物，命禮官宴賜遣之。十四年

（一四一六）再貢，命鄭和與其使偕行，後不復至。」

（三）那孤兒（Battak）（註六）

島夷志略花面（Battak）條曰：

「其山逶迆其地沮洳，田極肥美足食有餘男女以墨汁刺于其面，故謂之花面（Battak）國名因之氣候倍熱俗淳有酋長地產牛羊雞鴨檳榔甘蔗荖葉木棉貨用鐵條青布粗碗青處器之屬。舶經其地，不過貿易以供日用而已餘無可與販也。」

瀛涯勝覽那孤兒國條曰：

「那孤兒王又名花面王其地在蘇門答剌西地里之界相連止是一大山村，但所管人民皆於面上刺三尖青花為號所以稱為花面王。地方不廣人民祇有千餘家。田少人多以耕陸為生米糧稀少，猪羊雞鴨皆有言語動靜與蘇門答剌國相同。土無出產，乃小國也。」

明史卷三二五那孤兒傳曰：

「那孤兒在蘇門答剌之西壤相接地狹止千餘家男子皆以墨刺面為花獸之狀，故又名花面

國猱頭裸體男女止單布圍腰然俗淳田足稻禾強不侵弱富不驕貧悉自耕而食無寇盜。永樂中

（一四○三至一四二四）鄭和使其國其酋長常入貢方物。」

（四）黎代（Lidé）

瀛涯勝覽黎代國條曰：

「黎代之地亦一小邦也在那孤兒地界之西此處南是大山北臨大海西連南淳里國為界國人三千家自推一人為王以主其事屬蘇門答剌所轄土無所產言語行用與蘇門答剌同山有野犀牛至多王亦差人捕獲隨同蘇門答剌國以進貢于中國。」

明史卷三二五黎代（Lidé）（註七）國傳曰：

「黎代在那孤兒之西南大山北大海西接南渤利居民三千家推一人為主隸蘇門答剌聲音風俗多與之同。永樂中（一四○三至一四二四）嘗隨其使臣入貢。」

（五）阿魯（Arū）（註八）

瀛涯勝覽啞魯（Arū）國條曰：

「自滿剌加 (Malaka) 國開船，好風行四晝夜可到。其國有港名淡水港一條，入港到國南

是大山北是大海西連蘇門答剌國界東有平地堪種旱稻米粒細小糧食頻有民以耕漁爲業風俗

淳朴國內婚喪等事皆與爪哇 (Java) 滿剌加國相同貨用稀少棉布名考泥并米穀牛羊雞鴨甚

廣乳酪多有賣者其國王國人皆是回回人山林中出一等飛虎，如貓大遍身毛灰色，有肉翅如蝙蝠

一般但前足肉翅生連後足能飛不遠人或有獲得者不服家食即死土產黃速香金銀香之類乃小

國也。」

明史卷三二五阿魯傳曰：

「阿魯一名啞魯近滿剌加順風三日夜可達風俗氣候大類蘇門答剌田瘠少收盛藝芭蕉椰

子爲食男女皆裸體以布圍腰。永樂九年（一四一一）王速魯唐忽先遣使附古里 (Calicut) 諸

國入貢賜其使冠帶綵幣寶鈔其王亦有賜十年（一四一二）鄭和使其國。十七年（一四一九）王

子叚河剌沙遣使入貢。十九年（一四二一）二十一年（一四二三）再入貢宣德五年（一四三

○）鄭和使諸蕃亦有賜其後貢使不至。」

（六）監篦（Kāmpar）（註九）

諸蕃志監篦國條曰：

「監篦國（Kāmpar）其國當路口，舶船多泊此，從三佛齊（Palembang）國風帆半月可到。舊屬三佛齊後因爭戰遂自立爲王土產白錫象牙眞珠。國人好弓箭殺人多者帶符標榜互相誇詫。五日水路到藍無里（Lāmurī）國。」

（七）碟里（Dělǐ）（註一〇）

明史卷三二四碟里傳曰：

「碟里（Dělǐ）近爪哇（Java）。永樂三年（一四〇五）遣使附其使臣來貢其地尚釋教俗淳少訴物產甚薄。」

（八）淡洋（Tamiaṅ）（註一一）

島夷志略淡洋條曰：

「港口通官場百有餘里洋其外海也內有大溪之水源二千餘里奔流衝合於海其海面一流

之水清淡，舶人經過往往乏水之水，則必由此汲之，故名曰淡洋（Tamiah）過此以往未見其海岸之水不鹹也。嶺窩有田常熟氣候熱風俗淳男女椎髻繫溜布有酋長地產降真香味與亞蘆同米顆雖小炊飯則香貿易之貨用赤金鐵器粗碗之屬。

宋書卷九十七呵羅單國傳云：

「呵羅單國治闍婆洲，元嘉七年（四三○）遣使獻金剛指鐶赤鸚鵡鳥天竺國（Inde）白疊古貝葉波國（Yava?）（註一三）古貝等物。十年（四三三）呵羅單國王毗沙跋摩奉表曰：

『常勝天子陛下，諸佛世尊常樂安隱三達六通為世間道是名如來應供正覺遺形舍利造諸塔像，莊嚴國土如須彌山村邑聚落次第羅匝城廓館宇如忉利天宮宮殿高廣樓閣莊嚴四兵俱足能伏怨敵國土豐樂無諸患難奉承先王正法治化，人民良善慶無不利，處雪山陰雪水流注百川洋溢八味清淨周匝屈曲順趣大海一切眾生咸得受用，於諸國土殊勝第一，是名震旦大宋揚都承嗣常勝大王之業德合天心仁廕四海聖智周備化無不順雖人是天護世降生功德寶藏大悲救世為我尊

主常勝天子，是故至誠五體敬禮阿羅單國王毗沙跋摩稽首問訊。」其後為子所篡奪十三年（四

三六）又上表曰：「大吉天子足下，離婬怒癡，哀愍羣生想好具足，天龍神等恭敬供養世尊威德，身

光明照如水中月，如日初闕間自蒙普照十方，其白如雪亦如月光，清淨如華顏色照耀威儀殊勝，諸

天龍神之所恭敬以正法寶梵行衆僧莊嚴國土人民熾盛安隱快樂城閣高峻，如乾多山衆多勇士，

守護此城樓閣莊嚴道巷平正著種種衣猶如天服，於一切國為最殊勝吉揚州城無憂天主慈念羣

生安樂民人律儀清淨慈心深廣正法治化共養三寶名稱遠至一切並聞民人樂見如月初生譬如

梵王世界之主一切人天恭敬作禮阿羅單跋摩以頂禮足猶如現前以體布地如殿陛道供養恭敬，

如奉世尊以頂著地曲躬問訊忝承先業嘉慶無量忽為惡子所見爭奪遂失本國今唯一心歸誠天

子以自存命令遣毗級問訊大家意欲自往歸誠宣訴復畏大海風波不達今命得存亦由毗級此人

忠志其恩難報此是大家國今為惡子所奪而見驅擯意願忿恌規欲雪復伏願大家聽毗級買諸鎧

仗袍襖及馬願為料理毗級使得時還前遣闍邪仙婆羅訶蒙大家厚賜悉惡子奪去啓大家使知今

奉薄獻願垂納受」此後又遣使二十六年（四四九）太祖詔曰：「訶羅單婆皇婆達三國頻越遐

海歆化納貢，遠誠宜甄，可竝加除授」乃遣使策命之曰「惟汝慕義歆化，效誠荒邈恩之所洽，殊遠必甄用敷典章顯茲策授爾其欽奉凝命永固厥職可不愼歟」二十九年（四五二）又遣長史婆和沙彌獻方物。」

（十）蘇吉丹（註二四）

諸蕃志蘇吉丹條曰：

「蘇吉丹郎闍婆（Java）之支國西接新拖（Sunda），東連打板（Tuban）。有山峻極名保老岸（Tanjong Pautuman），番舶未到先見此山頂聳五峯時有雲覆其上其王以五色布纏頭跣足，路行蔽以涼傘或皀或白從者五百餘人各持鎗劍鏢刀之屬頭戴帽子其狀不一有如虎頭者，如鹿頭者又有如牛頭羊頭雞頭象頭獅頭猴頭者旁插小旗以五色纈絹爲之土人男翦髮女打鬌皆裹體跣足以布纏腰民間貿易用雜白銀鑿爲幣，狀如骰子上縷番官印記六十四隻準貨金一兩每隻博米三十升或四十升至百升其他貿易悉用是名曰闍婆金可見此國卽闍婆也架造屋宇與新拖同地多米穀巨富之家倉儲萬餘碩有樹名波羅蜜其實如東瓜皮如栗殼肉如柑瓣味極甘

美亦有荔支芭蕉甘蔗與中國同。荔支曬乾可療痢疾，蕉長一尺，蔗長一丈此爲異耳。蔗汁入藥醞釀成酒勝如椰子地之所產，大率於闍婆無異胡椒最多時和歲豐貨銀二十五兩可博十包至二十包，每包五十升設有凶歉寇攘但易其半採椒之人爲辛氣薰迫多患頭痛餌川芎可愈變婦撨抹及婦人染指甲衣帛之屬多用磲砂故番商興販率以二物爲貨厚遇商賈無宿泊飲食之費其地連百花園麻東 (Padang?) 打板 (Tuban) 禧寧戎牙路 (Jaṅgala) 東峙打綱黃麻駐麻篙 (Bali)

牛論丹戎武囉 (Tanjong pura) 底勿 (Timor) 平牙夷勿奴孤 (Moluku?) 皆闍婆之屬國也。打板國東連大闍婆號戎牙路。（原註或作重迦盧）居民架造屋宇與中國同其地平坦有港通舟車往來產靑鹽綿羊鸚鵡之屬番官勇猛與東邊賊國爲姻彼以省親爲名番舶多遭劫掠之患甚至俘人以爲奇貨每人換金二兩或三兩以此商貨逐絕。（註一五）打綱（註一六）黃麻駐麻篙牛論、丹戎武囉底勿、平牙夷勿奴孤等國在海島中，各有地主用船往來。地窄耕種國多老樹內產沙糊，狀如麥麵土人用水爲圓大如綠荳曬乾入包儲蓄爲糧或用魚皮肉雜以爲羹多嗜甘蔗芭蕉搗蔗入藥醞釀爲酒又有尾巴樹剖其心取其汁亦可爲酒土人壯健凶惡色黑而紅裹體文身剪髮跣足飲

食不用器皿，緘樹葉以從事，食已則棄之。民間博易，止用沙糊準以升斗不識書計，植木爲柵高二丈

餘架屋其上障蓋與新拖同。土產檀香丁香荳蔲花簟番布鐵劍器械等物。內丹戎武囉蔴篤尤廣袤，

多蓄兵馬稍知書計土產降眞黃臘細香瑇瑁等物，丹戎武囉亦有之率不事生業相尚出海以舟刼

掠，故番商罕至焉。」

明史卷三二四蘇吉丹傳曰：

「蘇吉丹爪哇屬國後訛爲思吉港國在山中止數聚落酋居吉力石（Gersik），其水濶舟不

可泊商船但往饒洞（Yortan）其地平衍國人皆就此貿易其與國有思魯瓦（Surabaya）及猪

蠻（Tuban），猪蠻多盜華人鮮至。」

（十一）新拖（Sunda）

諸蕃志新拖國條曰：

「新拖（Sunda）國有港水深六丈舟車出入兩岸皆民居亦務耕種架造屋宇悉用木植覆

以櫚欄皮藉以木板障以藤薆男女裹體以布纏腰剪髮僅留半寸山產胡椒粒小而重勝於打板

（Tuban）。地產東瓜甘蔗茇薥茄茱但地無正官好行剽掠番商罕至興販。」

（十二）重迦羅（Jaṅgala）（註一七）

島夷志略重迦羅條曰：

「杜瓶（Tuban）之東曰重迦羅（Jaṅgala），與爪哇界相接間有高山奇秀不產他木滿山皆鹽敷樹及楠樹內一石洞前後三門可容一二萬人田土亞於闍婆氣候熱俗淳男女撮鬐衣長衫。地產綿羊鸚鵡細花木棉單椰子木棉花紗貿易之貨用花銀花宣絹諸色布煮海為鹽釀秫為酒無酋長年尊者統攝次曰諸番相去約數日水程曰孫陀（Sunda），曰琵琶曰丹重曰員嶠曰彭里不事耕種專尚寇掠與吉陀（Kĕdah）亞崎（Acheh）諸國相通交易舶人所不及也。」

（十三）婆利（Bali）（註一八）

梁書卷五十四婆利國傳曰：

「婆利國（Bali）在廣州東南海中洲上去廣州二月日行國界東西五十日行，南北二十日行，有一百三十六聚土氣暑熱如中國之盛夏穀一歲再熟草木嘗榮海出文螺紫貝有石名蚶貝羅，

初探之柔軟,及刻削爲物乾之遂大堅疆其國人披吉貝如帔,及爲都縵王乃用斑絲布以瓔珞繞身,

頭著金冠高尺餘形如弁綴以七寶之飾帶金裝劍偏坐金高坐,以銀蹬支足侍女皆爲金花雜寶之

飾。或持白毦拂及孔雀扇王出以象駕輿輿以雜香爲之,上施羽蓋珠簾其導從吹螺擊鼓王姓憍陳

如,自古未通中國問其先及年數不能記焉而言白淨王夫人卽其國女也。天監十六年(五一七)

遣使奉表曰:「伏承聖王信重三寶與立塔寺校飾莊嚴周偏國土。四衢平坦清淨無穢臺殿羅列狀

若天宮壯麗微妙世無與等聖主出時,四兵具足羽儀導從布滿左右,郡人士女麗服光飾市廛豐富,

充積珍寶。王法清整無相侵奪學徒皆至三乘競集敷說正法雲布雨潤,四海流通交會萬國長江眇

漫清冷深廣,有生咸資莫能消穢陰陽和暢災厲不作。大梁揚都聖王無等臨覆上國有大慈悲子育

萬民,平等忍辱怨親無二加以周窮無所藏廔不照燭,如日之明無不受樂猶如淨月宰輔賢良蓁

臣貞信盡忠奉上心無異想。伏惟皇帝是我眞佛臣是婆利國主今敬稽首禮聖王足下惟願大王知

我此心此心久矣非適今也山海阻遠無緣自達今故遣使獻金席等表此丹誠」普通三年(五二

二)其王頻伽復遣使珠貝智貢白鸚鵡青蟲兜鍪瑠璃器吉貝螺杯雜香藥等數十種。」

一九二

隋書卷八十二婆利傳曰：

「婆利 (Bali) 國自交阯浮海，南過赤土丹丹，乃至其國國界東西四月行，南北四十五日行。

王姓剎利邪伽名護濫那婆官曰獨訶邪拏次曰獨訶氏拏國人善投輪刀其大如鏡中有竅外鋒如

鋸，遠以投人無不中其餘兵器與中國略同俗類眞臘 (Kamboja)，物產同於林邑 (Campa)。其殺

人及盜藏其手姦者鏁其足幕年而止祭祀必以月晦盤貯酒肴浮之流水每十一月必設大祭海出

珊瑚，有鳥如舍利解人語。大業十二年 (六一六) 遣使朝貢後遂絕于時南荒有丹丹盤盤二國亦

來貢方物其風俗物產大抵相類云。」

舊唐書卷一九七婆利國傳曰：

「婆利國 (Bali) 在林邑 (Campa) 東南海中洲上其地延袤數千里，自交州南渡海，經林

邑、扶南赤土丹丹數國乃至焉其人皆黑色穿耳附璫。王姓剎利耶伽名護路那婆世有其位王戴花

形如皮弁裝以眞珠瓔珞身坐金牀侍女有金花寶縷之飾，或持白拂孔雀扇行則駕象鳴金擊鼓吹

蠡爲樂男子皆拳髮被古貝布橫幅以繞腰風氣暑熱恆如中國之盛夏穀一歲再熟有古貝草緝其

花以作布麤者名古貝細者名白㲲。貞觀四年（六三〇）其王遣使隨林邑使獻方物。」

新唐書卷二二二下環王（Campa）傳曰：

「婆利（Bali）者直環王東南，自交州汎海歷赤土丹丹諸國乃至地大洲多馬，亦號馬禮（Bali）。衮長數千里多火珠大者如雞卵圓白照數尺日中以艾藉珠輒火出產瑇瑁文螺石坩，初取柔可治既縷刻卽堅。有舍利鳥通人言俗黑身朱髮而拳鷹爪獸牙穿耳傳璫以古貝橫一幅繚于腰。古貝草也緝其花爲布粗曰貝精曰㲲俗以夜爲市自掩其面。王姓剎利邪伽名護路那婆世居位。繚班絲貝綴珠爲飾坐金榻左右持白拂孔雀翣；出以象駕車羽蓋珠箔，鳴金擊鼓歙蠡爲樂其東卽羅剎也，與婆利同俗隋煬帝遣常駿使赤土遂通中國赤土西南入海得婆羅總章二年（六六九）其王旃達鉢遣使者與環王使者偕朝。」

（十四）麻葉甕（Billiton）

明史卷三二三麻葉甕傳曰：

「麻葉甕（Billiton）在西海中。永樂三年（一四〇五）十月遣使齎璽書賜物招諭其國，

下編　第五章　南海羣島諸國傳

迄不朝貢自占城（Campa），靈山放舟，順風十晝夜至交欄山（Gelam）其西南卽麻葉甕山峻地平田膏腴收穫倍他國，煑海爲鹽釀蔗爲酒男女椎髻衣長衫圍之以布俗尚節義婦喪夫絕面剃髮絕粒七日與屍同寢多死七日不死則親戚勸以飲食終身不再嫁或於焚屍日亦赴火自焚產玳瑁木綿黃蠟檳榔花布之屬。交欄山甚高廣饒竹木元史弼高興伐爪哇遭風至此山下舟多壞乃登山，伐木重造逐破爪哇其病卒百餘留養不歸後益蕃衍故其地多華人。（註一九）又有葛卜及速兒米囊二國亦永樂三年（一四〇五）遣使賜璽書賜物招諭竟不至」

（十五）假里馬打（Karimata）　（註二〇）

島夷志略假里馬打條曰：

「山列翠屏閴闃臨溪田下穀不收氣候熱俗澆薄男女髡頭，以竹布爲桶樣穿之，仍繫以挦閭知廉恥採蕉實爲食煑海爲鹽以適他國易米每鹽一斤易米一斗前代地產番羊高大者可騎日行五六十里及紫玳瑁貿易之貨用琉黃珊瑚珠閣婆布青色燒珠小花印布之屬。」

（十六）勾欄山（Gelam）　（註二一）

島夷志略勾欄山條曰：

「嶺高而樹林茂密田瘠穀少氣候熱俗射獵爲事。國初軍士征闍婆遭風於山下，輙損舟一舟

幸免唯存釘灰見其山多木故於其地造舟一十餘隻若檣柂若帆若篙靡不具備，飄然長往，有病卒

百餘人不能去者遂留山中今唐人與番人叢雜而居之。男女椎髻穿短衫繫巫崙布地產熊豹鹿麂

皮玳瑁貿易之貨用穀米五色絹青布銅器青器之屬。」

諸蕃志渤泥國條曰：

（十七）渤泥（Borneo）（註三二）

渤泥（Borneo）在泉之東南去闍婆（Java）四十五日程去三佛齊（Palembang）四

十日程去占城（Campa）與麻逸（Mait）各三十日程皆以順風爲則。其國以板爲城城中居民

萬餘人所統十四州王居覆以貝多葉民舍覆以草王之服色略倣中國若裸體跣足則臂佩金圈手

帶金鐶以布綑身坐繩牀出則施大布單坐其上衆昇之名曰軟罌從者五百餘人前持刀劍器械後

捧金盤貯香腦檳榔等從以戰船百餘隻爲衞戰鬥則持刀披甲以銅鑄狀若大筒穿之於身護其

腹背器皿多用金地無麥有麻稻以沙糊爲糧又有羊及雞魚無絲蠶用吉貝花織成布有尾巴樹加

蒙樹椰子樹以樹心取汁爲酒富室之婦女皆以花錦銷金色帛纏腰婚聘先以酒檳榔次之指環又

次之然後以吉貝布或量出金銀成禮喪葬有棺斂以竹爲輿載棄山中二月始耕則祀之凡七年則

不復祀矣以十二月七日爲歲節地多熱國人宴會鳴鼓吹笛擊鉢歌舞爲樂無器皿以竹編貝多藥

爲器食畢則棄之其國鄰於底門國（Timor）。有藥樹取其根煎爲膏服之仍塗其體兵刃所傷皆

不死土地所出梅花腦速腦金脚腦米腦黃臘降眞香瑇瑁番商與販用貨金貨銀假錦建陽錦五色

絹五色茸琉璃珠琉璃瓶子白錫烏鉛網墜牙臂環臘脂漆椀楪青甕器等博易番舶抵岸三日其王

與眷屬率大人到船問勞船人用錦藉跳板迎肅欵以酒醴用金銀器皿祿蕭涼傘等分獻有差既泊

舟登岸皆未及博易之事商賈日以中國飲食獻其王故舟往佛泥（Borneo）必挾善庵者一二輩

與俱朔望並講賀禮幾月餘方請其王與大人論定物價價定然後鳴鼓以召遠近之人聽其貿易價

未定而私貿易者罰俗重商賈有罪抵死者罰而不殺船回日其王亦釀酒椎牛祖席酢以腦子番布

等稱其所施舶舟雖貿易迄事必候六月望日排辦佛節然後出港否則有風濤之厄佛無他像茅舍

數層，規制如塔，下置小龕，罩珠二顆，是謂聖佛土人云二珠其初猶小今漸大如拇指矣遇佛節其王

親供花菓者三日，國中男女皆至。太平興國二年（九七七）遣使蒲牙利等貢腦子瑇瑁象牙檀香。

其表緘封數重紙類木皮而薄瑩滑色微綠長數尺博寸餘卷之僅可盈握其字細小橫讀之譯以華

言云渤泥國王向打稽首拜皇命萬歲萬歲萬萬歲又言每年修貢易飄泊占城乞詔占城今後勿留。

館其使於禮賓院優遣之。元豐五年（一〇八二）又遣使來貢闍西龍宮什廟曰麗胡蘆蔓頭蘇勿

里馬瞻逾馬嗟居海島中用小船來往服色飲食與渤泥同出生香降真香黃蠟瑇瑁商人以白甕器

酒米粗鹽白絹貨金易之。」

宋史卷四八九勃泥傳曰：

「勃泥（Borneo）國在西南大海中去闍婆（Java）四十五日程去三佛齊（Palembang）

四十日程去占城（Campa）與摩逸（Mait）各三十日程皆計順風為則其國以版為城城中居

者萬餘人所統十四州其王所居屋覆以貝多葉民舍覆以草茇在王左右者為大人王坐繩牀若出卽

大布單坐其上衆異之名曰阮囊戰鬥者則持刀被甲以銅鑄狀若大筒穿之於身護其腹背其地

無麥有麻稻又有羊及雞魚無蠶絲用吉貝花織成布飲椰子酒昏聘之資先以椰子酒檳榔次之，指

環又次之，然後以吉貝布或量出金銀成其禮喪葬亦有棺斂以竹爲轝載棄山中二月始耕則祀之，

凡七年則不復祀矣以十二月七日爲歲節地熱多風雨國人宴會鳴鼓吹笛擊鈸歌舞爲樂無器並

以竹編貝多葉爲器盛食食訖棄之其國鄰於底門國有藥樹取其根煎爲膏服之及塗其體兵刃所

傷皆不死前代未嘗朝貢故史籍不載。太平興國二年（九七七）其王向打遣使施弩副使蒲亞里

判官哥心等齎表貢大片龍腦一家底第二等八家底第三等十一家底米龍腦二十家底蒼龍腦二

十家底，凡一家底並二十兩龍腦版五，玳瑁殼一百，檀香三橛象牙六株表云爲皇帝千萬歲壽，望不

賣小國微薄之禮其表以數重小囊緘封之非中國紙類木皮而薄瑩滑色微綠長數尺闊寸餘橫卷

之僅可盈握其字細小橫讀之以華言譯之云：『勃泥國王向打稽首拜皇帝萬歲萬歲萬歲願皇

帝萬歲壽今遣使進貢向打開有朝廷無路得到昨有商人蒲盧歇船泊水口差人迎到州言自中朝

來比詣闍婆國遇猛風破其船不得去此時聞自中國來國人皆大喜即造舶船令蒲盧歇導達入朝

貢每年修貢盧風吹至占城界望皇帝詔占城今有向打船到不要留臣本國別無異物，乞皇帝勿

怪』其表文如是詔館其使於禮賓院，優賜以遣之。元豐五年（一〇八二）二月其王錫理麻喏復遣使貢方物其使乞從泉州乘海舶歸國從之。」

島夷志略浡泥條曰：

「龍山礠碑於其右，基字雄敬源田獲利夏月稍冷冬乃極熱俗侈男女椎髻以五采繫腰花錦為衫。崇奉佛像唯嚴尤近愛唐人醉則扶之以歸歇處民煮海為鹽，釀秫為酒有酋長，仍選其國能算者一人掌文簿計其出納收稅無纖毫之差焉地產降眞黃蠟玳瑁梅花片腦其樹如杉檜劈裂而取之必齋浴而後往貨用白銀赤金色緞牙箱鐵器之屬」

明史卷三二五浡泥傳曰：

「浡泥（Borneo）宋太宗時（九七六至九九七）始通中國洪武三年（一三七〇）八月命御史張敬之福建行省都事沈秩往使自泉州航海閱半年抵闍婆（Java）又踰月至其國王馬合謨沙傲慢不為禮，秩責之始下座拜受詔時其國為蘇祿（Sulu）所侵頗衰耗王辭以貧請三年後入貢秩曉以大義王旣許諾其國素屬闍婆闍婆人間之王意中沮秩折之曰闍婆久稱臣奉貢爾

畏闍婆反不畏天朝邪乃遣使奉表箋貢鶴頂生玳瑁孔雀梅花大片龍腦米龍腦西洋布降眞諸香。

八月從敬之等入朝表用金箋用銀字近回鶻皆縷之以進帝喜宴賚甚厚八年（一三七五）命其

國山川附祀福建山川之次。永樂三年（一四〇五）冬其王麻那惹加那遣使入貢乃遣官封爲國

王賜印誥敕符勘合錦綺綵幣王大悅率妃及弟妹子女陪臣泛海來朝次福建守臣以聞遣中官往

宴賚所過州縣皆宴六年（一四〇八）八月入都朝見帝獎勞之王跪致詞曰陛下膺天寶命統一

萬方。臣遠在海島荷蒙天恩賜以封爵自是國中雨暢時順歲屢豐登民無災厲山川之間珍奇畢露

草木鳥獸亦悉蕃育國中耆老咸謂此聖天子覆冒所致。臣願睹天日之表少輸悃誠不憚險遠躬率

家屬陪臣詣闕獻謝帝慰勞再三命王妃所進中宮箋及方物陳之文華殿王詣殿進獻畢自王及妃

以下悉賜冠帶襲衣帝乃饗王於奉天門妃以下饗於他所禮訖送歸會同館禮官請王見親王儀帝

令準公侯禮尋賜王儀仗交椅銀器傘扇銷金鞍馬金織文綺紗羅綾絹衣十襲餘賜賚有差十月王

卒於館帝哀悼輟朝三日遣官致祭賵以繒帛東宮親王皆祭有司具棺槨明器葬之安德門外石子

岡樹碑神道又建祠墓側有司春秋祀以少牢謚曰恭順賜敕慰其子遐旺命襲封國王遐旺與其叔

父上言臣國歲供爪哇片腦四十斤，乞敕爪哇罷歲供，帝今歸國，乞命護送就留鎮一年慰

國人之望幷乞定朝貢期及儻從人數。帝悉從之命三年一貢儻從惟王所遣，遂敕爪哇國免其歲供。

王辭歸賜玉帶一金百兩銀三千兩及錢鈔錦綺紗羅衾褥帳幔器物餘皆有賜以中官張謙行人周

航護行初故王言臣蒙恩賜爵臣境土悉屬職方乞封國之後山爲一方鎮新王復以爲言乃封爲長

寧鎮國之山御製碑文令謙等勒碑其上其文曰：「上天佑啓我國家萬世無疆之基誕命我太祖高

皇帝全撫天下休養生息以治以教仁聲義問薄極照臨四方萬國奔走臣服充湊於庭神化感動之

機其妙如此。朕嗣守鴻圖率由典式嚴恭祗畏協和所統無間內外均視一體遐邇綏寧亦克承予意。

乃者浡泥國王誠敬之至知所尊崇慕尚聲教益謹益虔率其眷屬陪臣不遠數萬里浮海來朝達其

志通其欲。稽顙陳辭曰遠方臣妾丕冒天子之恩以養以息既庶且安思見日月之光故不憚險遠輒

敢造庭又曰：覆我者天載我者地使我有土地人民之奉田疇邑井之聚宮室之居妻妾之樂和味宜

服利用備器以資其生強罔敢侵衆罔敢暴實惟天子之賜是天子功德所加與天地並然天仰則見

地蹐則履惟天子遠而難見，誠有所不通是以遠方臣妾不敢自外蹕歷山海躬詣闕廷以伸其悃朕

曰：惟天惟皇考付予以天下子養庶民天與皇考視民同仁予其承天與皇考之德惟恐弗堪弗若汝言。乃又拜手稽首曰自天子建元之載臣國時和歲豐山川之藏珍寶流溢草木之無葩蘤者皆華而實異禽和鳴走獸蹌舞國之黃耇咸曰，中國聖人德化漸暨斯多嘉應。臣土雖遠實天子之氓故奮然而來觀也朕觀其言文貌恭勤不�２則悅喜禮教脫略夷習非超然卓異者不能稽之載籍自古邊遠之國奉若天道仰服聲教身致帝廷者有之至於舉妻子兄弟親戚陪臣頓首稱臣妾於階陛之下者，惟浮泥國王一人。西南諸蕃國長未有如王賢者王之至誠貫於金石，達於神明而令名傳於悠久，可謂有光顯矣茲特錫封王國中之山為長寧鎮國之山賜文刻石以著王休於昭萬年其永無斁系之詩曰炎海之墟，浮泥所處照仁漸義有順無迕懛懛王惟化之慕導以象胥遹來奔赴同其弟陪臣稽顙闕下，有言以陳謂君猶天，遺以休樂一視同仁匪偏厚顧茲鮮德弗稱所云浪舶風檣，實勞懇勤稽古遠臣順來怒趏以躬或難羾爾家宝王心亶誠金石其堅西南蕃長疇與王賢嵓嵓高山以鎮王國鑱文於石懋昭王德王德克昭王國攸寧於萬斯年仰我大明」（註二三）八年（一四一〇）九月遣使從謙等入貢謝恩明年（一四一一）復命謙賜其王錦綺紗羅綵絹凡百二十四，

其下皆有賜十年（一四一二）九月遇旺偕其母來朝，命禮官宴之會同館，光祿寺日暮給酒饌。明

日帝饗之奉天門，王母亦有宴，越二日再宴賜王冠帶襲衣王母王叔父以下分賜有差。明年（一四

一三）二月辭歸賜金百銀五百鈔三千錠錢千五百繒錦四綺帛紗羅八十金織文繡文綺衣各一，

衾褥幃幔器物咸具。自十三年（一四一五）至洪熙元年（一四二五）四入貢後貢使漸稀。嘉靖九

年（一五三〇）給事中王希文言暹羅、占城、琉球、爪哇、浡泥五國來貢並道東莞後因私攜買客多，

絕其貢正德間（一五〇六至一五二一）佛郎機（Portugal）闌入流毒概行屏絕會未幾年遂

爾議復損威已甚章下都察院請悉邊舊制毋許混冒萬曆中（一五七三至一六一九）其王卒無

嗣，族人爭立國中殺戮幾盡乃立其女為王。漳州人張姓者初為其國那督，華言尊官也因亂出奔女

主立迎還之其女出入王宮得心疾妄言父有反謀女主懼遣人按問其家那督自殺國人為訟冤女

主悔絞殺其女授其子官後遂不復朝貢，而商人往來不絕國統十四洲在舊港（Palembang）之

西，自占城四十日可至初屬爪哇後屬暹羅改名大泥（註二四）華人多流寓其地。嘉靖（一五二二

至一五六六）末閩粵海寇遺孽逋逃至此，積二千餘人。萬曆時（一五七三至一六一九）紅毛番

(Hollande) 強商其境，築土庫以居其入彭湖互市者，所攜乃大泥國文也諸風俗物產具詳宋

史。

明史卷三二三婆羅傳曰：

「婆羅 (Borneo) 又名文萊 (Brunei)，東洋盡處，西洋所自起也。唐時有婆羅國，高宗時

(六五〇至六八三) 常入貢。永樂三年 (一四〇五) 十月遣使者齎璽書綵幣撫諭其王。四年

(一四〇六) 十二月其國東西二王並遣使奉表朝貢明年 (一四〇七) 又貢其地負山面海崇

釋教惡殺喜施禁食豕肉犯者罪死王薙髮裹金繡巾佩雙劍出入徒步從者二百餘人有禮拜寺每

祭用犧厥貢玳瑁瑪瑙硨磲珠白焦布花焦布降眞香黃蠟黑小廝萬曆時 (一五七三至一六一

九) 爲王者閩人也或者鄭和使婆羅有閩人從之因留居其地其後人竟據其國而王之邸旁有中

國碑王有金印一篆文上作獸形言永樂朝所賜民間嫁娶必請此印印背上以爲榮後佛郎機橫舉

兵來擊王率國人走入山谷中放藥水流出毒殺其人無算王得返國佛郎機遂犯呂宋」

（十八）蘇祿 (Sulu) （註二五）

島夷志略蘇祿條曰：

「其地以石崎山爲保障，山畬田瘠宜種粟麥民食沙糊魚鰕螺蛤，氣候半熱俗鄙薄，男女斷髮，纏皂縵繫小印花布煮海爲鹽釀蔗漿爲酒織竹布爲裳有脅長地產中等降眞條黃蠟玳瑁珍珠較之沙里八丹 (Jurfattan, Cannanore) （註二六）第三港等處所產，此蘇祿之珠色青白而圓其價甚昂，中國人首飾用之其色不退，號爲絕品，有徑寸者。其出產之地大者已直七八百餘錠中者二三百錠，小者一二十錠其餘小珠一萬上兩重者，或一千至三四百兩重者，出於西洋之第三港，此地無之貿易之貨赤金花銀八都刺布青珠處器鐵條之屬。」

明史卷三二五蘇祿傳曰：

「蘇祿 (Sulu) 地近浮泥 (Borneo) 闍婆 (Java)，洪武 (一三六八至一三九八) 初發兵侵浮泥，大獲以闍婆援兵至乃還。永樂十五年 (一四一七) 其國東王巴都葛叭哈剌西王麻哈剌吒葛剌麻丁峒、王妻叭都葛巴剌卜 （註二七）並率其家屬頭目凡三百四十餘人浮海朝貢，進金縷表文獻珍珠寶石玳瑁諸物禮之若滿剌加 (Malaka)，尋並封爲國王賜印誥襲衣冠帶及鞍馬

下編　第五章　南海羣島諸國傳

二〇五

儀仗器物其從者亦賜冠帶有差居二十七日三王辭歸各賜玉帶一黃金百白金二千羅錦文綺二

百帛三百鈔萬錠錢二千緡金繡蟒龍麒麟衣各一東王次德州卒於館帝遣官賜祭命有司營葬勒

碑墓道諡曰恭定留妻妾傔從十八人守墓俟畢三年喪遣歸乃遣使齎敕諭其長子都馬含曰：『爾父

知尊中國躬率家屬陪臣遠涉海道萬里來朝朕眷其誠悃已錫王封優加賜賚遣官護歸舟次德州，

遭疾殞歿朕聞之深爲哀悼已葬祭如禮爾以嫡長爲國人所屬宜即繼承用紹藩服今特封爾爲蘇

祿國東王爾尙益篤忠貞敬承天道以副眷懷以繼爾父之志欽哉』十八年（一四二〇）西王遣

使入貢十九年（一四二一）東王母遣王叔叭都加蘇里來朝貢大珠一其重七兩有奇二十一年

（一四二三）東王妃還國厚賜遣之明年（一四二四）入貢自後不復至萬曆時（一五七三至

一六一九）佛郎機（Portugal）屢攻之城據山險迄不能下其國於古無所考地瘠寡粟麥民率

食魚鰕煑海爲鹽釀蔗爲酒織竹爲布氣候常熱有珠池夜望之光浮水面土人以珠與華人市易大

者利數十倍商舶將返輒留數人爲質冀其再來其旁近國名高藥出玳瑁」

（十九）三嶼

諸蕃志三嶼條曰：（註二八）

「三嶼（Mait）乃麻逸（Mait）之屬曰加麻延（Calamian）巴姥酉（Palawan）巴吉弄（Busuanga）等各有種落，散居島嶼，舶舟至則出而貿易，總謂之三嶼。其風俗大略與麻逸同，每聚落各約千餘家。地多崇岡疊嶂峭拔如壁，憑高依險編茅為屋，山無水源婦女以首叢擎二三甕取水於溪登涉如履平地。窮谷別有種落號海膽（Aëta），人形而小眼圓而黃虬髮露齒巢於木顛，或三五為羣踤伏榛莽以暗箭射人多羅其害，投以甆椀則俯拾忻然跳呼而去。番商每抵一聚落，未敢登岸先駐舟中流鳴皷以招之。蠻賈爭棹小舟持吉貝黃蠟番布椰心簟等至與貿易。如議之價未決，必賈豪自至說諭餽以絹傘甆器籐籠，仍留一二輩為質，然後登岸互市交易畢則返其資停舟不過三四日又轉而之他諸蠻之居環繞三嶼。不相統屬其山倚東北隅南風時至，激水衝山波濤迅駛不可泊舟故販三嶼者率四五月間即理歸棹博易用甆器皂綾纈絹五色燒珠，鉛網墜白錫為貨蒲哩嚕（Polillo）與三嶼聯屬聚落差盛人多猛悍好攻劫海多鹵股之石，槎牙如枯木芒刃銛於劍戟，舟過其側預曲折以避之產青琅玕珊瑚樹然絕難得風俗博易與三嶼同。」

島夷志略三島條曰：

「居大奇山之東嶼，分鼎崎，有疊山層巒，民傍緣居之田瘠穀少俗質朴，氣候差暖，男女間有白者。男頂拳婦人椎髻，俱披單衣。男子常附舶至泉州經紀，罄其資囊以文其身，既歸其國則國人以尊長之禮待之延之上座雖父老亦不得與爭焉習俗以其至唐故貴之也民煮海為鹽釀蔗漿為酒。有酋長地產黃蠟木棉花布貿易之貨用銅珠青白花碗，小花印布鐵塊之屬。次曰答陪曰海膽曰巴弄吉曰蒲里唉曰東流里，無甚異產故附此耳。」

元史卷二一〇三嶼傳曰：

「三嶼國近瑠求。(Formosa) 世祖至元三十年(一二九三)命選人招誘之平章政事伯顏等言臣等與識者議此國之民不及二百戶，時有至泉州為商賈者去年入瑠求軍船過其國國人餉以糧食館我將校無它志也乞不遣使帝從之」

(二十)麻逸(Mait)(註二九)

諸蕃志麻逸國條曰：

「麻逸國（Mait）在渤泥（Borneo）之北，團聚千餘家夾溪而居。土人披布如被，或腰布蔽體。有銅佛像散布草野不知所自。盜少至其境商舶入港，駐於官場前官場者其國闤闠之所也登舟與之雜處酋長日用白傘故商人必賫以爲贐交易之例蠻賈叢至隨笐離搬取物貨而去初若不可曉徐辨認搬貨之人亦無遺失蠻賈酒以其貨轉入他島嶼貿易率至八九月始歸以其所得準償舶商，亦有過期不歸者故販麻逸舶回最晚。三嶼、白蒲延（Babuyan）、蒲里嚕（Polillo）里銀東流新里漢等皆其屬也土產黃蠟吉貝眞珠瑇瑁藥檳榔于達布商人用甕器貨金鐵鼎烏鉛五色琉璃珠，鐵針等博易。」

<u>島夷志略</u><u>麻逸</u>條曰：

「山勢平寬夾溪聚落，田膏腴，氣候稍暖俗尙節義男女椎髻穿靑布衫凡婦葬夫則削其髮絕食七日與夫同寢多瀕於死七日之外不死則親戚勸以飲食或可全生則終身不改其節甚至喪夫而焚尸則赴火而死酋豪之喪，則殺奴婢二三千人以殉葬民煑海爲鹽釀糖水爲酒地產木棉黃蠟，玳瑁檳榔花布貿易之貨用銅鼎鐵塊五采紅布紅絹牙錠之屬蠻賈議價領去博易土貨，然後准價

舶商守信始終不爽約也」

（二十一）呂宋（Luzon）（註三○）

明史卷三二三呂宋傳曰：

「呂宋（Luzon）居南海中，去漳州甚近。洪武五年（一三七二）正月遣使偕瑣里（Soli）諸國來貢。永樂三年（一四○五）十月遣官齎詔撫諭其國。八年（一四一○）與馮嘉施蘭入貢，自後久不至。萬曆四年（一五七六）官軍追海寇林道乾至其國，國人助討有功，復朝貢。時佛郎機（Espagne）強與呂宋互市，久之見其國弱可取，乃奉厚賄遺王乞地如牛皮大，建屋以居，王不虞其詐而許之。其人乃裂牛皮聯屬至數千丈，圍呂宋地，乞如約。王大駭，然業已許諾，無可奈何，遂聽之。而稍徵其稅如國法。其人既得地，即營室築城，列火器，設守禦具，為窺伺計。已竟乘其無備襲殺其王，逐其人民而據其國名，仍呂宋，實佛郎機也。先是閩人以其地近，且饒富商販者至數萬人，往往久居不返，至長子孫。佛郎機既奪其國，其王遣一酋來鎮，慮華人為變，多逐之歸。留者悉被其侵辱，年（一五九三）八月酋郎雷敝裹系勝侵美洛居（Moluccas），役華人二百五十助戰，有潘和五

者為其哨官蠻人日酣臥，而令華人操舟，稍怠輒鞭撻，有至死者和五曰：叛死等死耳，否亦且戰死，島若刺殺此酋以救死勝則揚帆歸，不勝而見縛死未晚也衆然之，乃夜刺殺其酋持其首大呼，諸蠻驚起，不知所為悉被刃或落水死和五等盡收其金寶甲仗駕舟以歸失路之安南為其國人所掠。

惟郭惟太等三十二人附他舟獲還時酋子郎雷貓客駐朔霧聞之率衆馳至遣僧陳父寃乞還其戰艦金寶戮仇人以償父命巡撫許孚遠聞於朝檄兩廣督撫以禮遣僧置惟太於理和五竟留安南不敢返初酋之被戮也其部下居呂宋者盡逐華人於城外毀其廬及貓客歸令城外築室以居會有傳日本來寇者貓客懼交通為患復議驅逐而孚遠適遣人招還蠻乃給行糧遣之然華商嗜利趨死不顧久之復成聚其時礦稅使者四出奸宄蠭起言利有閹應龍張嶷者言呂宋機宜山素產金銀採之歲可得金十萬兩銀三十萬兩以三十年（一六○二）七月詣闕奏聞帝即納之，命下舉朝駭異御史溫純疏言「近中外諸臣爭言礦稅之害天聽彌高今雲南李鳳至汙辱婦女六十六人私運財賄至三十巨舟三百大扛勢必見戮於積怒之衆何如及時撤之猶不失威福操縱之柄緪以寶井故提兵十萬將犯內地西南之蠻炭炭可憂而閩中奸徒又以機易山事見告此其妄言眞如戲劇不意皇

上之聰明而誤聽之臣等驚魂搖曳，寢食不寧異時變興禍起，費國家之財不知幾百萬，倘或剪滅不

早其患又不止費財矣。臣聞海澄市舶高稅已歲徵三萬金決不遺餘力而讓利，卽機宜越在海外亦

決無遍地金銀任人採取之理安所得金十萬銀三十萬以實其言不過假借朝命闌出禁物勾引諸

番以逞不軌之謀豈止煩擾公私貽害海澄一邑而已哉昔年倭患正緣奸民下海私通大姓設計勒

價，致倭賊憤恨稱兵犯順今以朝命行之，害當彌大及乎兵連禍結諸奸且效汪直曾一本輩故智負

海稱王擁兵列寨近可以規重利遠不失爲尉佗於諸亡命之計得矣，如國家大患何乞急實於理用

消禍本」言官金忠士曹於汴朱吾弼等亦連章力爭皆不聽事下福建守臣持不欲行，而迫於朝命，

乃遣海澄丞王時和百戶干一成偕巖往勘呂宋人聞之大駭華人流寓者謂之曰天朝無他意特是

奸徒橫生事端今遣使者按驗俾奸徒自窮便於遠報耳其會意稍解諸僧散花道旁若敬朝使，而

盛陳兵衛迓之時和等入酋爲置宴問曰天朝欲遣人開山山各有主安得開嘗中華有山可容我國

開耶且言樹生金豆，是何樹所生時和不能對，數視巖巖曰：此地皆生何必問豆何自上下皆大笑留

巖欲殺之諸華人共解乃獲釋歸時和還任卽病悸死守臣以聞請治巖妄言罪事已止矣，而呂宋終

自疑，謂天朝將襲取其國諸流寓者爲內應潛謀殺之。明年聲言發兵侵旁國，厚價市鐵器，華人貪利，盡鬻之。於是家無寸鐵。酋乃下令錄華人姓名，分三百人爲一院，入卽殲之。事稍露，華人羣走菜園，酋發兵攻。衆無兵仗，死無算，奔大崙山。蠻人復來攻。衆殊死鬥。蠻兵少挫，酋旋悔，遣使議和，衆疑其僞，撲殺之。酋大怒，歛衆入城。設伏城旁，衆饑甚，悉下山攻城。伏發衆大敗，先後死者二萬五千人。酋尋出令。諸所掠華人貲，悉封識貯庫，移書閩中守臣，言華人將謀亂，不得已先之，請令死者家屬往取其孥與弩巡撫徐學聚等亟告變於朝。帝驚悼，下法司議奸徒罪三十二年（一六○四）十二月議上。帝曰：「嶐等欺誕朝廷，生釁海外，致二萬商民盡膏鋒刃，損威辱國，死有餘辜。卽梟首傳示海上。呂宋酋擅殺商民，撫按官議罪以聞，學聚等乃移檄呂宋數以擅殺罪，令送死者妻子歸，竟不能討也。其後華人復稍稍往，而蠻人利中國互市，亦不拒。久之復成聚。時佛郎機已倂滿剌加，益以呂宋勢愈強橫行海外，遂據廣東香山澳築城以居，與民互市而患復中於粤矣。」

（二二）文老古（Moluccas）（註二一）

島夷志略文老古條曰：

「益溪通津地勢卑窄山林茂密田瘠稻少氣候熱俗薄男女椎髻繫花竹布爲捎以象齒樹之內室爲供養之具其民煮海爲鹽取沙糊爲食地產丁香其樹滿山然多不常生三年中間或二年熟有酋長地每歲望唐舶販其地往往以五梅雞雛出必唐船一隻來二雞雛出必有二隻以此占之如響斯應貿易之貨用銀鐵水綾絲布巫崙八節那澗布土印布象齒燒珠青甕器埤器之屬」

明史卷三二三美洛居傳曰:

「美洛居(Moluccas)俗訛爲米六合居東海中頗稱饒酋出威儀甚備所部合掌伏道旁。男子削髮女椎結地有香山雨後香墜沿流滿地居民拾取不竭其酋委積充棟以待商舶之舊東洋不產丁香獨此地有之可以辟邪故華人多市易萬曆時(一五七三至一六一九)佛郎機來攻其酋戰敗請降乃宥令復位歲以丁香充貢不設戍兵而去已紅毛番橫海上知佛郎機兵已退乘虛直抵城下執其酋語之曰若善事我我爲若主殊勝佛郎機也酋不得已聽命復位如故佛郎機酋聞之大怒率兵來攻道爲華人所殺語其呂宋傳時紅毛番雖據美洛居率一二歲率衆返國旣返復來佛郎機酋子旣襲位欲竟父志大舉兵來襲值紅毛番已去遂破美洛居殺其酋立己所親信主之無何

紅毛番至，又破其城逐佛郎機所立酋，而立美洛居故王之子自是歲構兵人不堪命。華人流寓者遊

說兩國令各罷兵，分國中萬老高山為界山以北屬紅毛番南屬佛郎機始稍休息，而美洛居竟為兩

國所分。」

（二十三）古里地悶（Timūr, Timor）（註三二）

島夷志略古里地悶條曰：

「居加羅（Janga la）（註三三）之東北山無異木唯檀樹為最盛以銀鐵碗，西洋絲布色絹

之屬為之貿易也。地謂之馬頭，凡十有二所有酋長田宜穀粟氣候不齊朝熱而夜冷風俗淫濫男女

斷髮穿木棉短衫，繫占城布。市所酒肉價廉婦不知恥部領目縱食而貪酒色之餘臥不覆被至染疾

者多死倘在番苟免回舟之際櫛風沐雨其疾發而為狂熱謂之陰陽交交則必死昔泉之吳宅發舶

稍衆百有餘人到彼貿易既畢死者十八九間存一二而多羸弱乏力駕舟隨風回船，或時風恬浪息，

黃昏之際則狂魂蕩唱歌舞不已夜半則添炬燄燿使人魂遊而膽寒吁良可畏哉。然則其地互市雖

萬倍之利何益昔柳子厚謂海賈以利易生觀此有甚者乎」

（註一）案今 Sumatra 在晚近始爲全島之稱蓋由 Sāmutra 一名所轉出其先原爲島北岸之國名今在 Pasē 河

　　上之 Samudra 村宋史首先著錄其譯名日蘇勿吒，（參看前章註十二）島夷志略譯名作須文答剌元史譯

　　名作速木都剌修明史者不知蘇門答剌與須文達那是同名異譯因析爲兩傳其實指一地也此島名稱在波斯

　　載籍中首先著錄者爲爪哇（Jāwa），雖名爪哇實指蘇門答剌全島剌史德丁（Rašīdu-d-Dīn）（一三一

　　○）書云：過藍無里（Lāmurī）有地名 Sumatra，即指蘇門答剌城也。

（註二）藍無里大食文名稱首見於十三世紀時人賽德（Ibn Saïd）書作 Lāmurī 此書亦名全島日爪哇馬可波

　　羅書作 Lambri。漢譯名諸蕃志首作藍無里島夷志略作喃㗂哩瀛涯勝覽國名作南淳里海名作那沒喇明

　　史亦不解南巫里與南渤利爲同名異譯亦兩傳之

（註三）下文言錫蘭國事殆有錯簡誤接於藍無里傳後。

（註四）島夷志略廣證云此下疑脫洋字。

（註五）牛單錫應爲單馬錫之誤單馬錫乃 Tumasik 之對音今星加坡也。

（註六）諸蕃志三佛齊傳（參看本編第四章）屬國十五中有拔沓（Battak）即此國也那孤兒對音未詳一三六五

　　年爪哇史頌中有國名 Nagor 然地在馬來半島與蘇門答剌之那孤兒方位不符。

（註七）明史聚代並誤黎伐㽞改正。

（註八）阿魯剌史德丁書作 Arū Sidi Ali Čelebī（一五五四）書作 Arūh，據云蘇門答剌東岸海亦不深阿

督港周圍海水尤淺。

（註九）監篦即蘇門答剌東岸之 Kâmpar。元史世祖本紀有乾伯國疑指此國。

（註一〇）礁里應爲 Deli 之對音在今淡洋之南別有同名之國明史譯名作底里，即今印度都城亦寫作 Delhi

（註一一）淡洋在啞齊之南乃 Tamiani 之對音元史成宗本紀作從陽。

（註一二）阿羅單對音未詳「治闍婆洲」則應在爪哇島中舊考謂其爲馬來半島之 Kelantan 者誤也惟蘇門答剌島有地名 Karitan，得亦爲阿羅單古名之遺存於今者，然則此闍婆亦可解作蘇門答剌島矣。臨書卷八二亦

土傳云：「南訶羅旦國」殆指同一國也。

（註一三）考一三六五年爪哇史頌（Nāgarakrětāgama）其中 Jāwa 與 Yāwa 並列皆指後之爪哇島足證古寫之對音可作闍婆亦可作葉波惟不能必其爲今之爪哇抑今之蘇門答剌也。

（註一四）蘇吉丹既四接新拖東連打板應在爪哇中部舊考謂其對音是 Sukatana 而指渤泥洲南部爪哇人之僑居地，似誤。蘇門答剌島東南亦有地名 Sukadana 亦不得謂爲中國載籍中之蘇吉丹也。

（註一五）原註「賊國……丹重布囉昆離孫他也」案此丹重布囉應是前文爪哇屬國中之丹戎武囉爪哇人稱渤泥洲爲 Tanjongpura，殆指此洲昆離應是前文爪哇屬國中之疏篱今 Bali 也孫他應指新拖今之 Sunda 也，故論疑指 Gurun 島別譯作覺綸者是已。

（註一六）三寶壠（Samarang）舊名作 Takang，殆其對音。

（註一七）諸蕃志蘇吉丹條戎牙路原註「或作重迦盧」皆 Janigala 之對音也。

（註一八）古之婆利與本章註十五之邕離麻篤應是 Bali 之同名異譯。太平御覽卷七八七引扶南土俗傳云：「諸薄國國東有馬五洲」伯希和謂諸薄殆指爪哇，其東之大洲舍 Bali 莫屬，馬五殆爲馬立之譌，與新唐書「婆利亦號馬禮」之譯音亦符參看交廣印度兩道考九〇頁。

（註一九）交欄山元史作勾欄山參看本書上編第九章。

（註二〇）元史弼傳作假里馬答，參看本書上編第九章。

（註二一）參看本章註十九。明史交欄山附見麻葉甕傳後。

（註二二）渤泥首見彎書作渤泥，應是大食人之 Burni，今之 Borneo。爪哇史頌名 Burunen。爪哇僑民名此州曰 Tanjong pura，參看本章註十五明史作婆羅雖指同一地域然婆羅譯名出新唐書卷二二二下環王（Campa）傳云：「赤土西南入海得婆羅……」此婆羅不得爲渤泥明史之附會不一而足此其一端也。

（註二三）尤侗外國傳卷三渤泥傳碑文與明史頗異疑史官有所改竄如尤傳之「稽古遠夷」明史作「稽古遠臣」可以證已。

（註二四）案大泥應是 Patani 之省稱吉蘭丹在其境內則地在馬來半島東岸東西洋考始誤以大泥爲渤泥史官仍其誤後文所言皆馬來半島事與渤泥無涉也。

（註二五）案蘇祿即今 Sulu 羣島爪哇史頌作 Solot 中國載籍譯名殆以此爲首見。

（註二六）沙里八丹 Phillipps 考作 Masulipatam，藤田豐八以爲是 Solipatam 之對音指 Negapatam，卽大唐西域求法高僧傳無行傳中之那伽鉢亶那；（參看上編第七章）伯希和考作大食語之 Jurfattan 即Can-nanore，今從其說。

（註二七）東西洋考卷五蘇祿傳云「其國東王巴都葛叭答剌，西王巴都葛叭蘇哩峒王巴都葛叭剌卜各率其妻子酋目來朝……三王者東王爲長西王亞之峒王又亞之」記載與明史異明史殆有脫誤。

（註二八）參看上編第八章諸蕃志三嶼條。

（註二九）參看上編第八章諸蕃志廓逸條。

（註三〇）呂宋譯名始見吾學編。

（註三一）案 Moluccas 之譯名首見島夷志略。Sidi Ali Čelebi 書作 Moluku。

（註三二）諸蕃志闍婆條作底勿渤泥條作底門，東西洋考作遲悶池悶據 Gerini 說古里乃吉里之訛吉里乃 gili 之對音南海語猶言島也。

（註三三）星槎勝覽所載傳聞之國幾盡採諸島夷志略其吉里地悶條云「其國在重迦羅之東」則加羅之上應脫重字。

第六章 馬來半島諸國傳

馬來半島諸國名見史傳與記今可考者凡十一國僅知國在半島而難確定其方位者四曰丹丹，亦作單單曰盤盤曰赤土曰狼牙脩，亦作凌牙斯龍牙犀角。確知其方位者七曰佛囉安曰單馬令，亦作丹馬令丹眉流曰彭坑亦作彭亨曰吉蘭丹亦作急蘭丹曰丁家盧，亦作丁機宜曰滿剌加曰柔佛。此姑就史書與記中有傳者錄之其他異名可考者則分疏於各傳之後。

（一）丹丹 （註一）

梁書卷五十四丹丹國傳曰：

「丹丹國中大通二年（五三〇）其王遣使奉表曰：『伏承聖主至德仁治信重三寶佛法興顯，衆僧殷集法事日盛威嚴整肅朝望國執慈愍蒼生八方六合莫不歸服化隣諸天非可言喻不任慶善若蟄奉見尊足謹奉送牙像及塔各二軀并獻火齊珠吉貝雜香藥等。』」大同元年（五三五）

復遣使獻金銀瑠璃雜寶香藥等物」

新唐書卷二二二下單單傳曰：

「單單在振州東南，多羅磨之西亦有州縣木多白檀王姓刹利名尸陵伽日視事有八大臣號八坐王以香塗身冠雜寶瓔近行乘車遠乘象。戰必吹螺擊鼓盜無輕重皆死乾封（六六六至六六七）時獻方物」

總章（六六八至六六九）時獻方物羅越（註二）者北距海五千里，西南哥谷羅（Kākula），

（註三）商賈往來所湊集俗與墮羅鉢底（Dvaravati）同歲乘舶至廣州必以聞。」

（二）盤盤（註四）

梁書卷五十四盤盤國傳曰：

「盤盤國宋文帝元嘉（四二四至四五三）孝武孝建（四五四至四五六）大明（四五七至四六四）中並遣使貢獻。大通元年（五二七）其王使使奉表曰：『揚州閻浮提震旦天子萬善莊嚴一切恭敬猶如文淨無雲明耀滿目天子身心清淨亦復如是道俗濟濟並蒙聖王光化濟度一切永作舟航臣聞之慶善我等至誠敬禮常勝天子足下稽首問訊今奉薄獻願垂哀受』中大通元

年（五二九）五月累遣使貢牙像及塔，幷獻沉檀等香數十種。六年（五三四）八月復遣使送菩提國眞舍利及畫塔幷獻菩提樹葉詹糖等香。」

舊唐書卷一九七盤盤國傳曰：

「盤盤國在林邑（Campa）西南海曲中，北與林邑隔小海自交州船行四十日乃至。其國與狼牙修（Laṅkāsuka）國爲鄰，皆學婆羅門書甚敬佛法。貞觀九年（六三五）遣使來朝貢方物。」

新唐書卷二二二下盤盤國傳曰：

「盤盤在南海曲，北距環王（Campa）限少海，與狼牙修接，自交州海行四十日乃至。王曰揚粟翅。其民瀕水居，比木爲柵石爲矢鏃王坐金龍大榻諸大人見王交手抱肩以蹲其臣曰敦郎索濫，曰崑崙帝也曰崑崙敦和曰崑崙諦索甘亦曰古龍，古龍者崑崙聲近耳。在外曰那延猶中國刺史也。有佛道士祠僧食肉，不飲酒道士謂爲貪不食酒肉。貞觀中（六二七至六四九）再遣使朝其東南有箇羅亦曰哥羅富沙羅王姓矢利波羅名米失鉢羅（註五）累石爲城樓闕宮室茨以草州二十四。

其兵有弓矢稍及以孔雀羽飾纛每戰以百象爲一隊，一象百人鞍若檻，四人執弓稍在中賦率輸銀二銖無絲絎惟古貝畜多牛少馬。凡嫁娶納檳榔爲禮多至二百盤婦已嫁從夫姓樂有琵琶橫笛銅鈸鐵鼓盡死者焚之取燼貯金甖沉之海東南有拘蔞密海行一月至南距婆利（Ba-li）行十日至東距不述行五日至西北距文單行六日至與赤土墮和羅（Dvaravati）同俗永徽中（六五〇至六五五）獻五色鸚鵡。」

隋書卷八十二赤土傳曰：

「赤土國扶南之別種也在南海中水行百餘日而達所都土色多赤因以爲號東波羅剌國，西婆羅娑國南訶羅旦國北拒大海地方數千里其王姓瞿曇氏名利富多塞不知有國近遠稱其父王位出家爲道傳位於利富多塞，在位十六年矣有三妻並鄰國王之女也居僧祇城有門三重相去各百許步每門圖畫飛仙仙人菩薩之像縣金花鈴毦婦女數十人或奏樂或捧金花又飾四婦人容飾如佛塔邊金剛力士之狀夾門而立門外者持兵杖門內者執白拂夾道垂素網綴花王宮諸屋悉

是重閣北戶北面而坐坐三重之榻，衣朝霞布冠金花冠，垂雜寶瓔珞四女子立侍左右，兵衞百餘人，

王榻後作一木龕以金銀五香木雜鈿之，龕後懸一金光燄，夾榻又樹二金鏡，鏡前並陳金甕前各

有金香爐當前置一金伏牛牛前樹一寶蓋，蓋左右皆有寶扇，婆羅門等數百人，東西重行，相向而坐。

其官有薩陀迦羅一人，陀拏達叉二人，迦利密迦三人共掌政事，俱羅末帝一人掌刑法，每城置那邪

迦（nayaka）一人鉢帝十人其俗等皆穿耳剪髮無跪拜之禮以香油塗身其俗敬佛尤重婆羅門。

婦人作髻於項後男女通以朝霞朝雲雜色布爲衣，豪富之室，恣意華靡唯金鑠非王賜不得服用每

婚嫁擇吉日女家先期五日作樂飮酒，父執女手以授壻，七日乃配焉旣婚則分財別居惟幼子與父

同居。父母兄弟死則剔髮素服，就水上構竹木爲棚，棚內積薪以屍置上燒香建幡吹蠡擊鼓以送之，

縱火焚薪逐落於水貴賤皆同惟國王燒訖收灰貯以金瓶藏於廟屋冬夏常溫，雨多露少種植無時，

特宜稻穄白豆黑麻，自餘物產多同於交阯以甘蔗作酒雜以紫瓜根酒色黃赤味亦香美亦名梛漿

爲酒煬帝卽位募能通絕域者。大業三年（六〇七）屯田主事常駿，虞部主事王君政等請使赤土，

帝大悅賜駿等帛各百匹時服一襲，而遣齎物五千段以賜赤土王其年十月駿等自南海郡乘舟晝

夜二旬，每值便風，至焦石山而過，東南泊陵伽鉢拔多洲，西與林邑（Campa）相對，上有神祠焉。又南行至師子石，自是島嶼連接。又行二三日，西望見狼牙須國之山，於是南達雞籠島至於赤土之界。其王遣婆羅門鳩摩羅以舶三十艘來迎，吹蠡擊鼓以樂隋使，進金鎖以纜駿舡。月餘至其都，王遣其子那邪迦請與駿等禮見，先遣人送金盤貯香花并鏡鑷，金合二枚貯香油，金瓶八枚貯香水，白疊布四條以擬供使者盥洗。其日未時，那邪迦又將象二頭持孔雀蓋以迎使人，并致金花金盤以藉詔函，男女百人奏蠡鼓，婆羅門二人導路至王宮。駿等奉詔書上閣，王以下皆坐，宣詔訖，引駿等坐，奏天竺樂事畢，駿等還館。又遣婆羅門就館送食，以草葉為盤，其大方丈。因謂駿曰：今是大中國人，非復赤土國矣。飲食疎薄，願為大國意而食之。後數日請駿等入宴，儀衞導從如初見之禮。王前設兩牀，牀上並設草葉盤，方一丈五尺，上有黃白紫赤四色之餅，牛羊魚龜豬蝫蝲之肉百餘品。延駿升牀，從者坐於地席，各以金鍾置酒，女樂迭奏，禮遺甚厚。尋遣那邪迦隨駿貢方物，并獻金芙蓉冠龍腦香，以鑄金為多羅葉，隱起成文以為表，金函封之。令婆羅門以香花奏蠡鼓而送之。既入海，見綠魚羣飛水上浮海十餘日至林邑東南，並山而行，其海水闊千餘步，色黃氣腥，舟行一日不絕，云是大魚糞也。循海北岸，

達於交阯驩以六年（六一〇）春與那邪迦於弘農謁帝，帝大悅，賜駿等物二百段，俱授秉義尉，那

邪迦等官賞各有差」

（四）狼牙脩（Laṅkãsuka）（註七）

梁書卷五十四狼牙脩國傳曰：

「狼牙脩（Laṅkãsuka）國在南海中，其界東西三十日行，南北二十日行，去廣州二萬四千

里。土氣物產與扶南略同偏多篦沉婆律香等其俗男女皆祖而被髮以吉貝為干縵其王及貴臣乃

加雲霞布覆胛以金繩為絡帶金鐶貫耳女子則被布以瓔珞繞身其國累磚為城重門樓閣王出乘

象，有幡毦旗鼓罩白蓋兵衛甚設國人說立國以來四百餘年後嗣衰弱王族有賢者國人歸之王聞

知乃加囚執其鏁無故自斷王以為神因不敢害乃斥逐出境遂奔天竺（Inde），天竺妻以長女俄

而狼牙王死大臣迎還為王二十餘年死子婆伽達多立天監十四年（五一五）遣使阿撤多奉表

曰：「大吉天子足下離淫怒癡哀愍眾生慈心無量端嚴相好身光明朗如水中月普照十方眉間白

毫其白如雪其色照耀亦如月光諸天善神之所供養以供正法寶梵行眾增莊嚴都邑城閣高峻如

乾陀山樓觀羅列，道途平正人民熾盛快樂安穩，著種種衣猶如天服。於一切國爲極尊盛天王愍念

羣生民人安樂慈心深廣律儀清淨正法化治供養三寶名稱宣揚布滿世界百姓榮見，如月初生譬

如梵王世界之主人天一切，莫不歸依。敬禮大吉天子足下，猶如現前忝承先業慶嘉無量今遣使問

訊，大意欲自往復畏長大海風波不達今奉薄獻願大家曲垂領納。』」

諸蕃志凌牙斯國條曰：

「凌牙斯 (Laṅkăsuka) 國自單馬令 (Tămbralińga) 風帆六晝夜可到，亦有路程地主

纏縵跣足國人剪髮亦纏縵。地產象牙犀角速暫香生香腦子番商與販用酒米荷池纈絹甆器等爲

貨，各先以此等物準金銀然後打博，如酒壹墱準銀一兩準金二錢米二墱準銀一兩十墱準金一兩

之類歲貢三佛齊 (Palembang) 國」

島夷志略龍牙犀角 (Laṅkăsuka) 條曰：

「峯嶺內平而外聳民環居之如蟻附坡嶡田下等氣候半熱俗厚男女椎髻齒白繫麻逸(Ma-

it) 布俗以結親爲重親戚之長者一日不見面必攜酒持物以問勞之爲長夜之飲不見其醉民貴

海爲鹽釀秫爲酒有酋長地產沈香冠於諸番次鶴頂降眞蜜糖黃熟香頭貿易之貨土印布八都剌布青白花碗之屬。

（五）佛囉安（Beranang）（註八）

諸蕃志佛囉安國條曰：

「佛囉安（Beranang）國自淩牙斯加（Laṅkāsuka）四日可到亦可邊陸其國有飛來佛二尊一有六臂一有四臂賊舟欲入其境必爲風挽回俗謂佛之靈也佛殿以銅爲瓦飾之以金每年以六月望日爲佛生日動樂鐃鈸迎導甚都番商亦預爲土產速暫香降眞香檀香象牙等番以金銀、甕鐵漆器酒米糖麥博易歲貢三佛齊（Palembang）其鄰蓬豐（Pahang）登牙儂（Trenganu）吉蘭丹（Kelantan）類此。」

（六）單馬令（Tambraliṅga）（註九）

諸蕃志單馬令國條曰：

「單馬令（Tambraliṅga）國，地主呼爲相公以木作柵爲城廣六七尺高二丈餘，上堪征戰。

國人乘牛打鑾跣足。屋舍官場用木，民居用竹障以葉繁以藤。土產黃蠟，降眞香速香烏楠木腦子象牙犀角。番商用絹傘雨傘荷池絹絹酒米鹽糖甕器盆鉢麤重等物及用金銀爲盤盂博易。曰囉亭

（Yiruidingan）潛邁拔沓加囉希（Grahi）類此本國以所得金銀器斜集日囉亭等國類聚獻入

三佛齊國。

宋史卷四八九丹眉流國傳曰：

「丹眉流（Tāmbralinga）國東至占臘（Kamboja）五十程，南至羅越水路十五程，西至

西天三十五程，北至程良六十程東北至羅斛（Lophuri）二十五程東南至闍婆（Java）四十五

程，西南至程若十五程西北至洛華二十五程東北至廣州一百三十五程其俗以版爲屋跣足衣布，

無紳帶以白紵纏其首貿易以金銀。其主所居廣袤五里，無城郭出則乘象車亦有小駟地出犀象錀

石紫草蘇木諸藥四時炎熱無霰霜未嘗至中國咸平四年（一〇〇一）國主多須機遣使打吉馬，

副使打臈判官皮泥等九人來貢木香千斤，錀鐵各百斤胡黃連三十五斤紫草百斤紅氈一合花布

四段蘇木萬斤象牙六十一株召見崇德殿賜以冠帶服物及遠又賜多須機詔書以敦獎之」

島夷志略丹馬令條曰：

「地與沙里佛柰安（Beranang）爲鄰國。山平亙田多，食粟有餘新收者復留以待陳俗節儉。氣候溫和。男女椎髻衣白衣衫，繫青布縵定婚用緞綿白錫若干塊民煮海鹽釀小米爲酒有酋長產上等白錫朱腦龜筒鶴頂降眞香及黃熟香頭貿易之貨用甘理布紅布青白花碗鼓之屬」

（七）彭坑（Pahang）

島夷志略彭坑條曰：

「石崖週匝崎嶇遠如平塞田沃，穀稍登氣候半熱風俗與丁家廬（Trengganu）小異男女椎髮，穿長布衫繫單布裙富貴女頂帶金圈數四常人以五色焇珠爲圈以束之。凡講婚姻互造換白銀五錢重爲準民煮海爲鹽釀椰漿爲酒有酋長地產黃熟香頭沉速打白香腦子花錫粗降眞貿易之貨用諸色絹闍婆布銅鐵器漆磁器鼓板之屬。」

明史卷三二五彭亨傳曰：

「彭亨（Pahang）在暹羅（Siam）之西洪武十一年（一三七八）其王麻哈剌惹答饒遣

使齎金葉表貢番奴六人及方物宴賚如禮。永樂九年（一四一一）王巴剌密瓅剌達羅息泥遣使

入貢十年（一四一二）鄭和使其國。十二年（一四一四）復入貢十四年（一四一六）與古里

（Calicut）爪哇（Java）諸國偕貢復令鄭和報之其國土田沃氣候常溫米粟饒足賫海爲鹽釀

椰漿爲酒。上下親狎無寇賊然惑於鬼神刻香木爲像殺人祭賽以禳災祈福所貢有象牙片腦乳香，

速香檀香胡椒蘇木之屬。至萬曆時（一五七三至一六一九）有柔佛（Johore）國副王子婆彭

亨王女將婚副王送子至彭亨彭亨王置酒親戚畢會婆羅（Borneo）國王子爲彭亨王妹婿舉觴

獻副王而手指有巨珠甚美副王欲之許以重賄王子斬不予副王怒卽歸國發兵來攻彭亨人出不

意不戰自潰王與婆羅王子奔金山浮泥（Borneo）國王玉妃兄也聞之率衆來援副王乃大肆焚

掠而去當是時國中鬼哭三日人民半死浮泥王迎其妹歸彭亨王隨之而命其長子攝國已王復位

次子素凶悍遂毒殺其父弒其兄自立」

（八）吉蘭丹（Kelantan）

島夷志略吉蘭丹條曰：

「地勢博大山瘠而田少夏熱而倍收氣候平熱風俗尚禮男女束髮繫短衫布皂縵每遇四時節序生辰婚姻之類衣紅布長衫爲慶民資海爲鹽織木棉爲業有酋長地產上等沈速粗降眞香黃蠟龜筒鶴頂檳榔外有小港索遷極深水鹹魚美出花錫貨用塘頭市布占城布青盤花碗紅綠燒珠，琴阮鼓板之屬。」

明史卷三二六急蘭丹條曰：

「急蘭丹（Kelantan）永樂九年（一四一一）王麻哈剌查苦馬兒遣使朝貢十年（一四

（二）命鄭和齎敕獎其王賚以錦綺紗羅綵帛。」

島夷志略丁家廬條曰：

（九）丁家廬（Trengganu）

「三角嶼對境港已通其津要山高曠田中下下民食足春多雨氣候微熱風俗尚怪男女椎髻，穿綠頡布短衫繫遮里絹刻木爲神殺人血和酒祭之每水旱疫厲禱之則立應及婚姻病喪則卜其吉凶亦驗令酋長主事貪禁勤儉守土地產降眞腦子黃蠟玳瑁貨用靑白花磁器占城布小紅絹斗

錫，酒之屬。」

明史卷三二五丁機宜傳曰：

「丁機宜（Trenganu）爪哇（Java）屬國也幅員甚狹，僅千餘家柔佛（Johore）黠而雄，丁機宜與接壤時被其患後以厚幣求婚稍獲寧處其國以木爲城酋所居旁列鐘鼓樓出入乘象以木月爲歲首性好潔酋所食啖皆躬自割烹民俗類爪哇，物產悉如柔佛。酒禁甚嚴，有常稅，然大家皆不飲，唯細民無籍者飲之其曹偶成非笑婚者男往女家持其門戶，故生女勝男。喪用火葬華人往商，交易甚平，自爲柔佛所破往者亦鮮。」

（十）滿剌加（Malaka）（註二〇）

瀛涯勝覽滿剌加國條曰：

「自占城（Campa）向正南好風船行八日到龍牙門（Linga）入門往西行二日可到此處舊不稱國因海有五嶼之名遂名曰五嶼無國王止有頭目掌管此地屬暹羅（Siam）所轄歲輸金四十兩否則差人征伐。永樂七年己丑（一四〇九）上命正使太監鄭和等統齎詔勑賜頭目雙臺

二三四

銀印冠帶袍服建碑封城，逐名滿剌加國，是後暹羅莫敢侵擾其頭目豪恩爲王挈妻子赴京朝謝，貢
進方物朝廷又賜與海船，回國守土其國東南是大海，西北是老岸連山皆沙鹵之地氣候朝熱暮寒，
田瘦穀薄人少耕種有一大溪河水下流從王居前過大海其王於溪上建立木橋，上造橋亭二十餘
間，諸物買賣俱在其上國王國人皆從回回教門，持齋受戒誦經其王服用以細白番布纏頭身穿細
花青布長衣其樣如袍脚穿皮鞋出入乘轎國人男子方帕包頭，女人撮髻腦後身體微黑下圍白布
手巾上穿色布短衫風俗淳朴房屋如樓閣之制上不鋪板，但高四尺許之際以椰子樹劈成片條稀
布於上用藤縛定，如羊棚樣自有層次連牀就楊盤膝而坐飲臥廚灶皆在上也人多以漁爲業用獨
木刳舟泛海取魚。土產黃速香烏木打麻兒（damar）香花錫之類打麻兒香本是一等樹脂流出
入土掘出如松香瀝青之樣，火燒卽着番人皆以此爲點照當燈番船造完，則用此物熔塗於縫水莫
能入甚好彼地之人多採取此物以轉賣他國內有明淨好者卻似金珀一樣名損都盧廝（Sinda,
rus）番人做成帽珠而賣今水珀卽此物也花錫有二處山塢錫場，王命頭目主之差人淘煎鑄成
斗樣以爲小塊輸官每塊重官秤一斤八兩或一斤四兩每十塊用藤縛爲小把四十塊爲一大把，通

市交易皆以此錫行使其國人言語幷書記婚姻之禮頗與爪哇同。山野有一等樹名沙孤（sagu）樹鄉人以此物之皮如中國葛根擣浸澄濾其粉作丸如菉豆大晒乾而賣其名曰沙孤米可以作飯喫海之洲渚岸邊生一等水草名茭葦葉長如刀茅樣似苦筍殼厚性軟結子如荔枝樣雞子大人取其子釀酒名茭葦酒飲之亦能醉人鄉人取其藥纖成細簟止闊二尺長丈餘爲席而賣果有甘蔗巴蕉子波羅蜜野荔枝之類菜蔥薑蒜芥東瓜西瓜皆有牛羊雞鴨雛有而不多價亦甚貴其水牛一頭直銀一斤以上驢馬皆無其海邊水內常有鼉龍傷人其龍高三四尺四足滿身鱗甲背刺排生龍頭獠牙遇人卽嚙山出黑虎比中國黃虎略小其毛黑亦有暗花紋其黃虎亦間有之國中有虎化爲人入市混人而行自有識者擒而殺之如占城屍頭蠻此處亦有凡中國寶船到彼則立排柵如城垣設四門更鼓樓夜則提鈴巡警內又立重柵如小城蓋造庫藏倉厫一應錢糧頓在其內去各國船隻回到此處取齊打整番貨裝載船內等候南風正順於五月中旬開洋回還其國王亦自採辦方物裝妻子帶領頭目駕船跟隨寶船赴闕進貢。」

明史卷三二五滿剌加傳曰：

「滿剌加在占城南，順風八日至龍牙門（Lingga），又西行二月卽至或云卽古頓遜唐哥羅富

沙。永樂元年（一四〇三）十月遣中官尹慶使其地賜以織金文綺銷金帳幔諸物其地無王亦不

稱國服屬暹羅歲輸金四十兩爲賦慶至宣示盛德及招徠之意其酋拜里迷蘇剌（Parameśvara）

大喜遣使隨慶入朝貢方物三年（一四〇五）九月至京師，帝嘉之，封爲滿剌加國王賜誥印綵幣

襲衣黃藍復命慶往其使者言王慕義願同中國刻郡歲效職貢請封其山爲一國之鎮帝從之製碑

文勒山上末綴以詩曰「西南巨海中國通輸天灌地億載同洗日浴月光景融兩岸露石花木儂金

虔恭大書貞石表爾國西山永鎭封山居海伯翁屬從皇考陟降在彼穹後天監視之彌隆爾衆

花寶鈿生青紅有國於此民俗雍王好善意思朝宗願比內郡依華風入導從張蓋重儀文褒襲禮

子孫萬福崇」慶等再至其王益喜禮待有加五年（一四〇七）九月遣使入貢明年（一四〇

八）鄭和使其國旋入貢九年（一四一一）其王率妻子陪臣五百四十餘人來朝抵近郊命中官

海壽禮部郎中黃裳等宴勞有司供張會同館入朝奉天殿帝親宴之妃以下宴他所光祿日致牲牢

上尊賜王金繡龍衣二襲麒麟衣一襲金銀器帷幔衾裯悉具妃以下皆有賜將歸賜王玉帶儀仗鞍

馬，賜妃冠服，瀕行賜宴奉天門，再賜玉帶儀仗鞍馬黃金百，白金五百鈔四十萬貫錢二千六百寶錦綺紗羅三百匹帛千匹渾金文綺二金織通袖膝襴二妃及子姪陪臣以下宴賜有差禮官餞於龍江驛復賜宴龍潭驛十年（一四一二）夏其姪入謝及辭歸命中官甘泉偕往旋又入貢十二年（一四一四）王子母幹撒干的兒沙 (Muhammad Iskandar Sah) 來朝告其父訃即命襲封賜金幣嗣後或連歲或間歲入貢以為常十七年（一四一九）王率妻子陪臣來朝謝恩及辭歸訴暹羅見侵狀帝為賜敕諭暹羅暹羅乃奉詔二十二年（一四二四）西里麻哈剌 (Srī Mahāraja) 以父沒嗣位率妻子陪臣來朝宣德六年（一四三一）遣使者來言暹羅謀侵本國王欲入朝懼為所阻欲奏聞無能書者令臣三人附蘇門答剌貢舟入訴帝命附鄭和舟歸國因令和齎敕諭暹羅責以輯睦鄰封毋違朝命初三人至無貢物禮官言例不當賞帝曰遠人越數萬里來愬不平豈可無賜遂賜襲衣綵幣如貢使例八年（一四三三）王率妻子陪臣來朝抵南京天已寒命俟春和北上別遣人齎敕勞賜王及妃泊入朝宴賚如禮及還有司為治舟王復遣其弟貢駝馬方物時英宗已嗣位而王猶在廣東賜敕獎王命守臣送還國因遣古里 (Calicut) 眞臘 (Kamboja) 等十一國使臣附

載偕還。正統十年（一四四五）其使者請賜王息力八密息瓦兒丟八沙（Sri Parameśvara

Deva śah）護國敕書及蟒服傘蓋以鎮服國人又言王欲親詣闕下從人多乞賜一巨舟以便遠涉，

帝悉從之。景泰六年（一四五五）速魯檀無劄佛哪沙（Muzaffar śah）貢馬及方物請封爲王，

詔給事中王暉往巳復入貢言所賜冠帶燬於火命製皮弁服紅羅常服及犀帶紗帽予之。天順三年

（一四五九）王子蘇丹芒速沙（Mansur śah）遣使入貢命給事中陳嘉猷等往封之越二年禮

官言嘉猷等浮海二日至烏豬洋遇颶風舟壞飄六日至淸瀾守禦所獲救敕書無失諸賜物悉沾水，

乞重給令使臣復往從之。成化十年（一四七四）給事中陳峻冊封占城王遇安南兵據占城不得

入，以所齎物至滿刺加諭其王入貢其使者至帝喜賜敕奬嘉獎。十七年（一四八一）九月貢使言成

化五年（一四六九）貢使還飄抵安南境多被殺餘黥爲奴幼者加宮刑今巳據占城地又欲吞本

國本國以皆爲王臣未敢與戰適安南貢使亦至滿刺加使臣請與廷辯兵部言事屬旣往不足深較。

帝乃因安南使還敕責其王幷諭滿刺加，安南復侵陵，卽整兵待戰尋遣給事中林榮行人黃乾亨冊

封王子馬哈木沙（Mahmud śah）爲王二人溺死賜官賜祭予蔭恤其家餘敕有司海濱招魂祭，

以恤其家復遣給事中張晟行人左輔往，晟卒於廣東，命守臣擇一官爲輔副以終封事。正德三年

（一五〇八）使臣端亞智等入貢其通事劉本江西萬安人蕭明舉負罪逃入其國賂大通事王

永序班張字謀往浮泥索寶而禮部吏侯永等亦受賂僞爲符印擾郵傳還至廣東，明舉與端亞智輩

爭言，遂與同事彭萬春等刦殺之盡取其財物事覺，逮入京，明舉淩遲萬春等斬王永滅死罰米三百

石，與張字侯永並戍邊尙書白鉞以下皆議罰。劉瑾因此罪江西人減其解額五十名仕者不得任京

職。後佛郎機強，舉兵侵奪其地王蘇端媽末（Mahmud）出奔遣使告難時世宗嗣位敕責佛郎機，

令還其故土諭暹羅諸國王以救災恤鄰之義迄無應者滿刺加竟爲所滅時佛郎機亦遣使朝貢請

封抵廣東守臣以其國素不列王會羈其使以聞詔予方物之直遣歸後改名麻六甲（Malaka）云。

滿刺加所貢物有瑪瑙珍珠玳瑁珊瑚樹鶴頂金母瑣服白苾布西洋布撒哈刺犀角象牙黑熊黑猿，

白麂火雞鸚鵡片腦薔薇露蘇合油梔子花烏爹泥沈香速香金銀香阿魏之屬有山出泉流爲溪土

人淘沙取錫煮成塊曰斗錫田瘠少收民皆淘沙捕魚爲業氣候朝熱暮寒男女椎髻身體黝黑間有

白者唐人種也俗淳厚市道頗平自爲佛郎機所破其風頓殊商舶稀至多直詣蘇門答刺然必取道

其國，率被邀刼海路幾斷其自販於中國者則直達廣東香山澳接跡不絕云。」

（十一）柔佛（Johore）

明史卷三二五柔佛傳曰：

「柔佛（Johore）近彭亨（Pahang），一名烏丁礁林。永樂中（一四〇三至一四二四）鄭和遍歷西洋無柔佛名，或言和曾經東西竺山今此山正在其地，疑卽東西竺。萬曆間其酋好構兵鄰國丁機宜（Trenganu）彭亨屢被其患華人販他國者多就之貿易時或邀至其國中覆茅為屋，列木為城環以池無事通商於外有事則召募為兵稱強國焉地不產穀常易米於鄰壤男子薙髮徒跣佩刀女子繫髮椎結其酋則佩雙刀字用菱葦葉以刀刺之婚姻亦論門閥王用金銀為食器擊下則用磁無匕筯俗好持齋見星方食節序以四月為歲首居喪婦人薙髮男子則重薙死者皆火葬所產有犀象玳瑁片腦沒藥血竭錫蠟嘉文簟木棉花檳榔海菜窩燕西國米蓬吉柿之屬始其國吉寧仁為大庫忠於王為王所倚信王弟以兄疏己潛殺之後出行墮馬死左右咸見吉寧仁為祟自是家家祀之。」

（註一）隋書婆利傳云「自交阯浮海南過赤土丹丹乃至其國」足證丹丹在赤土婆利間又據隋書赤土傳云：「赤土

在狼牙須國之南」此狼牙須即古之狼牙脩地在馬來半島則丹丹國之位置應亦在馬來半島中，舊考位在

Natuna 島誤也。唐書有單單，太平寰宇記卷一七七有旦旦，應亦是此國名之異譯南海寄歸內法傳卷

一有呾呾州，疑亦指此國參看本書上編第五第七兩章交廣印度兩道考九七至九八頁又一一二

頁。

（註二）羅越顯在馬來半島之南端，應指今之柔佛（Johore）。參看本書上編第六章又交廣印度兩道考六四至七五

（註三）據賈耽誌通海夷道云「箇羅西哥谷羅國」（參看本書上編第六章），前考以 Kĕdah 當此箇羅則哥谷羅

應在 Kĕdah 之西屢見於大食人與記之 Kākula 即此國也 Ibn Batuta 稱哥谷羅（Kākula）吉篾

（Kamǎra）亦在 Mul Jāwa 境內今人考訂之說不一倘難確定其位置也。

（註四）唐書謂此國與狼牙脩之國為鄰，則亦應在馬來半島中義淨南海寄歸內法傳作盆盆州。

（註五）此名應是梵文 Parameśvara 之對音修史者不察妄析一名為二。

（註六）參看本書上編第五章。

（註七）狼牙脩諸蕃志作凌牙斯或凌牙斯加，島夷志略作龍牙犀角，續高僧傳拘那羅陀傳作棱伽修（參看上編第四

章）隋書赤土傳作狼牙須（參看上編第五章）南海寄歸內法傳作郎迦戍，爪哇史頌作 Lĕṅkasuka 其地

應在馬來半島北部殆跨有東西兩岸之地。

（註八）佛囉安業經諸蕃志釋註（二六頁）考訂在馬來半島西岸 Langat 河上之 Beranang。

（註九）宋史作丹眉流，島夷志略作丹馬令即 Tambralinga 之對音此地亦名 Sri Dharmara janagara，今之 Ligor 是巳。新唐書訶陵傳諲和羅有屬國名曇陵疑指此國。

（註一〇）滿刺加建國於十五世紀初年，拜里迷蘇剌疑歿於一四一四年子母幹撒干的兒沙繼立疑歿於一四二四年；子西里麻哈剌繼立疑歿於一四四四年子息力八沙繼立在位不久死弟無訶佛哪沙繼立疑沒於一四五六年子芒速沙繼立歿年無考子阿老瓦丁沙（Alaud-Din Ṣah）繼立明史失載歿於一四八八年子馬哈木沙繼立歿於一五三〇年子阿老瓦丁沙（Alaud-Din Ṣah）繼立於一五六四年歿於啞齊。參看 Winstedt, History of Malaya 三七至四四頁及後附滿刺加諸王世系表。

第七章　印度沿海諸國傳

印度諸國自漢以來與中國通或邊陸或循海本章所錄者以沿海諸國在史書與記中有傳者為限，雖有傳而方位未詳如宋書天竺迦毗黎國之類亦不錄。

（一）天竺

後漢書天竺傳見本書上編第一章。

梁書卷五四中天竺國傳曰：

「中天竺（Inde）國在大月支（Indo-Scythes）東南數千里地方三萬里，一名身毒（Sindbu）。漢世張騫使大夏（Bactrie），見邛竹杖蜀布，國人云市之身毒身毒即天竺，蓋傳譯音字不同其實一也。從月支高附以西南至西海，東至槃越，列國數十每國置王其名雖異皆身毒也。漢時羈屬月支其俗土著與月支同而卑濕暑熱民弱畏戰弱於月支國臨大江名新陶（Sindhu, Indus），

源出崑崙分爲五江總名曰恆水（Gangā）。其水甘美下有眞鹽色正白如水精土俗出犀象貂豺，

瑇瑁，火齊，金銀鐵，金縷織成金皮罽，細摩白疊好裘毼氎火齊狀如雲母色如紫金有光燿別之則薄

如蟬翼積之則如紗縠之重沓也其西與大秦（Roma）安息（Parthie）交市海中多大秦珍物，

珊瑚琥珀金碧珠璣琅玕鬱金蘇合。蘇合是合諸香汁煎之非自然一物也又云大秦人採蘇合先笮

其汁以爲香膏乃賣其滓與諸國賈人是以展轉來達中國不大香也鬱金獨出罽賓（Kaśmīra）

國華色正黃而細與芙蓉華裏被蓮者相似國人先取以上佛寺積日香槁乃糞去之賈人從寺中徵

顧以轉賣與佗國也漢桓帝延熹九年（一六六）大秦王安敦（Marc-Aurèle）遣使自日南徼

外來獻漢世唯一通焉其國人行賈往往至扶南、日南交趾，其南徼諸國人少有到大秦者孫權黃武

五年（二二六）有大秦賈人字秦論來到交趾，交趾太守吳邈遣送詣權權問方士謠俗論具以事

對時諸葛恪討丹陽護勘歙短人論見之曰大秦希見此人權以男女各十人差吏會稽劉咸送論咸

於道物故論乃徑還本國漢和帝時（八九至一〇五）天竺數遣使貢獻後西域反叛遂絕至桓帝

延熹二年（一五九）四年（一六一）頻從日南徼外來獻魏晉世絕不復通唯吳時（二二二至

二八〇）扶南王范旃遣親人蘇物使其國，從扶南發，投拘利口，循海大灣中正西北入歷灣邊數國，可一年餘到天竺江口，逆水行七千里乃至焉。天竺驚曰：海濱極遠猶有此人，即呼令觀視國內，仍差陳宋等二人以月支馬四匹報旃，遣物等還積四年方至。其時吳遣中郎康泰使扶南，及見陳宋等具問天竺土俗，云佛道所興國也，人民敦厖，土地饒沃，其王號茂論（Murundas）所都城郭水泉分流繞于渠塹，下注大江，其宮殿皆雕文鏤刻，街曲市里屋舍樓觀，鍾鼓音樂服飾香華，水陸通流百買交會奇玩珍瑋，恣心所欲。左右嘉維（Kapilavastu）舍衞（Sravasti）葉波等十六大國去天竺或二三千里，共會奉之以為在天地之中也。天監（五〇二至五一九）初其王屈多（Gupta）遣長史竺羅達奉表曰：「伏聞彼國據江傍海，山川周固，衆妙悉備，莊嚴國土，猶如化城，宮殿莊飾，街巷平坦，人民充滿歡娛安樂，大王出遊四兵隨從，聖明仁愛，不害衆生，國中臣民循行正法，大王仁聖，化之以道，慈悲羣生，無所遺棄，常修淨戒，式導不及，無上法船，沉溺以濟，百官氓庶，受樂無恐，諸天護持，萬神侍從，天魔降服，莫不歸仰。王身端嚴，如日初出，仁澤普潤，猶如大雲，於彼震旦，最爲殊勝。臣之所住國土，首羅天守護，令國安樂，王王相承，未曾斷絕，國中皆七寶形像，衆妙莊嚴，臣自修檢，如化王

法，臣名屈多奕世王種，惟願大王，聖體和平。今以此國羣臣民庶山川珍重一切歸屬，五體投地歸誠

大王使人竺達多由來忠信是故今遣。、大王若有所須珍奇異物悉當奉送此之境土便是大王之國。

王之法令善道悉當承用。願二國信使往來不絕此信返還願賜一使具宣聖命備勑所宜款至之誠，

望不空返所白如允願加採納今奉獻琉璃唾壺雜香吉貝等物。」

唐書卷一九八天竺國傳曰：

「天竺國卽漢之身毒國或云婆羅門地也在蔥嶺西北周三萬餘里其中分爲五天竺其一曰

中天竺二曰東天竺三曰南天竺四曰西天竺五曰北天竺地各數千里城邑數百南天竺際大海北

天竺拒雪山四周有山爲壁南面一谷通爲國門東天竺東際大海與扶南林邑鄰接西天竺與罽賓

波斯相接中天竺據四天竺之會其都城（Pataliputra.）週迴七十餘里北臨禪連河云昔有婆

羅門領徒千人肄業於樹下樹神降之遂爲夫婦宮室自然而立童僕甚盛於是使役百神築城以統

之經日而就此後有阿育王（Aśoka）復役使鬼神累石爲宮闕皆雕文刻鏤非人力所及阿育王

頗行苛政置炮烙之刑謂之地獄今城中見有其跡焉中天竺王姓乞利咥氏或云剎利氏世有其國，

不相簒弑厥土卑濕暑熱稻歲四熟有金剛似紫石英百練不銷可以切玉又有旃檀鬱金諸香通於

大秦故其寶物或至扶南交阯貿易焉百姓殷樂俗無簿籍耕王地者輸地利以齒貝為貨人皆深目

長鼻致敬極者舐足摩踵家有奇樂倡伎其王與大臣多服錦罽上為螺髻於頂餘髮剪之使擧俗皆

徒跣衣重白色唯梵志種姓披白疊以為異死者或焚屍取灰以為浮圖或委之中野以施禽獸或流

之於河以飼魚鼈無喪紀之文謀反者幽殺之小犯罰錢以贖罪不孝則斷手刖足截耳割鼻放流邊

外有文字善天文算曆之術其人皆學悉曇章云是梵天法書於貝多樹葉以紀事不殺生飲酒國中

往往有舊佛跡隋煬帝時（六〇五至六一六）遣裵矩應接西蕃諸國多有至者唯天竺不通帝以

為恨當武德中（六一八至六二六）其國大亂其嗣王尸羅逸多（Harṣa Silāditya）練兵聚衆，

所向無敵象不解鞍人不釋甲居六載而四天竺之君皆北面以臣之威勢遠振刑政甚肅貞觀十五

年（六四一）尸羅逸多自稱摩伽陀（Magadha）王遣使朝貢。太宗降璽書慰問尸羅逸多大

驚問諸國人曰自古曾有摩訶震旦使人至吾國乎皆曰未之有也乃膜拜而受詔書因遣使朝貢。太

宗以其地遠禮之甚厚復遣衞尉丞李義表報使。尸羅逸多遣大臣郊迎傾城邑以縱觀焚香夾道逸

多率其臣下東面拜受勑書，復遣使獻火珠及鬱金香菩提樹。貞觀十年（六三六）沙門玄奘至其國，將梵本經論六百餘部而歸。（註一）先是遣右率府長史王玄策使天竺其四天竺國王咸遣使朝貢會中天竺王尸羅逸多死國中大亂其臣那伏帝阿羅那順纂立乃盡發胡兵以拒玄策玄策從騎三十人與胡禦戰不敵矢盡悉被擒胡並掠諸國貢獻之物玄策乃挺身宵遁走至吐蕃（Tibet）發精銳一千二百人並泥婆羅（Nepala）國七千餘騎以從玄策玄策與副使蔣師仁率二國兵進至中天竺國城連戰三日大破之斬首三千餘級赴水溺死者且萬人阿羅那順棄城而遁師仁進擒獲之虜男女萬二千人牛馬三萬餘頭四於是天竺震懼俘阿羅那順以歸。（註二）二十二年（六四八）至京師，太宗大悅命有司告宗廟而謂羣臣曰夫人耳目玩於聲色口鼻耽於臭味此乃敗德之源若婆羅門不劫掠我使人豈為俘虜耶昔中山以貪寶取弊蜀侯以金牛致滅莫不由之拜玄策朝散大夫是時就其國得方士那羅邇娑婆寐（Nārāyaṇasvāmin）自言壽二百歲云有長生之術。太宗深加禮敬，館之於金颷門內，造延年之藥令兵部尚書崔敦禮監主之發使天下採諸奇藥異石不可稱數延歷歲月藥成服竟不效後放還本國。太宗之葬昭陵也，刻石像阿羅那順之形列於玄闕之

下五天竺所屬之國數十風俗物產略同有伽沒路（Kāmarūpa）國其俗開東門以向日王玄策至其王發使貢以奇珍異物及地圖因請老子像及道德經那揭陀（Nagarahara）國有醯羅城（Hila）中有重閣藏佛頂骨及錫杖貞觀二十年（六四六）遣使貢方物天授二年（六九一）東天竺王摩羅拔摩（Malavarman）西天竺王尸羅逸多，南天竺王遮婁其拔羅婆（Calukya Pallava），北天竺王婁其那那中天竺王地婆西那並來朝獻景龍四年（七一〇）南天竺國復遣使來朝景雲元年（七一〇）復遣使貢方物開元二年（七一四）西天竺國復遣使獻五色能言鸚鵡其年南天竺國王尸利那羅僧伽請以戰象及兵馬討大食及吐蕃等，仍求有以名其軍玄宗甚嘉之，名軍為懷德軍。九月南天竺王尸利那羅僧伽寶多拔摩為國造寺上表乞寺額，勅以歸化為名賜之十一月遣使册利那羅伽寶多為南天竺國王遣使來朝十七年（七二九）六月北天竺國藏沙門僧密多獻質汗等藥十九年（七三一）十月中天竺國王伊沙伏摩遣其大德僧來朝貢二十九年（七四一）三月中天竺王子李承恩來朝授游擊將軍放還天寶中（七四二至七五五）累遣使來」

新唐書卷二二一上天竺傳曰：

「天竺國漢身毒國也，或曰摩伽陀，曰婆羅門。去京師九千六百里，都護治所二千八百里居蔥嶺南，幅員三萬里，分東西南北中五天竺，皆城邑數百南天竺瀕海，出師子豹犀象火齊琅玕石密墨鹽北天竺距雪山圍抱如壁南有谷通爲國門。東天竺際海與扶南林邑接西天竺與罽賓波斯接中天竺在四天竺之會都城曰茶鎛和羅城濱迦毗黎河有別城數百皆置長。別國數十置王曰舍衞，（Sravasti）曰迦沒路（Kamarupa），開戶皆東嚮曰迦尸，（Kasi）或曰波羅奈（Vārā-nasi），亦曰波羅那斯（Vārānasi）其畜有稻割牛黑色角細長四尺許十日一割不然困且死，人飲其血，或曰壽五百歲牛壽如之中天竺王姓乞利咥氏亦曰刹利（Kṣatriya）世有其國不簒殺。土溽熱稻歲四熟禾之長者沒橐它以貝齒爲貨有金剛旃檀鬱金。與大秦扶南交趾相貿易人富樂無簿籍耕王地者乃輸稅以舐足摩踵爲致家有奇樂倡伎王大臣皆服錦罽爲螺髻於頂餘髮翦使卷男子穿耳垂璫或縣金耳環者爲上類徒跣衣重白婦人頂飾金銀珠纓絡死者燔骸取灰建窣堵或委野中及河餌鳥獸魚鼈無喪紀謀反者幽殺之，小罪贖錢，不孝者斷手足翦耳鼻徙於邊有

文字善步曆學悉曇章安曰梵天法，書貝多葉以紀事。尚浮圖法，不殺生飲酒，國中處處指曰佛故跡也。信盟誓傳禁咒能致龍起雲雨。隋煬帝時（六〇五至六一六）遣裴矩通西域諸國獨天竺拂菻不至爲恨。武德中（六一八至六二六）國大亂王尸羅逸多勤兵戰無前象不弛鞍士不釋甲因討四天竺皆北面臣之。會唐浮屠玄奘至其國尸羅逸多召見曰：而國有聖人出作秦王破陳樂試爲我言其爲人玄奘粗言太宗神武平禍亂，四夷賓服狀王喜曰我當東面朝之。貞觀十五年（六四一）自稱摩伽陀王遣使者上書帝命雲騎尉梁懷璥持節尉撫尸羅逸多驚問國人自古亦有摩訶震旦使者至吾國乎皆曰無有我言中國爲摩訶震旦乃出迎膜拜受詔書戴之頂復遣使者隨入朝詔衞尉丞李義表報之大臣郊迎傾都邑縱觀道上焚香，尸羅逸多率羣臣東面受詔書復獻火珠鬱金菩提樹。二十二年（六四八）遣右衞率府長史王玄策使其國以蔣師仁爲副未至尸羅逸多死國人亂，其臣那伏帝阿羅那順自立發兵拒玄策時從騎纔數十，戰不勝皆沒遂剽諸國貢物。玄策挺身奔吐蕃西鄙檄召鄰國兵吐蕃以兵千人來泥婆羅以七千騎來玄策部分進戰茶鎛和羅城，三日破之斬首三千級溺水死萬人。阿羅那順委國走合散兵復陣師仁禽之，俘斬千計餘衆奉王妻息阻乾陀衞

江師仁擊之大潰獲其妃王子虜男女萬二千人雜畜三萬降城邑五百八十所。東天竺王尸鳩摩送
牛馬三萬餼軍及弓刀寶纓絡迦沒路國獻異物拜上地圖請老子象玄策執阿羅那順獻闕下有司
告宗廟帝曰：夫人耳目玩聲色口鼻耽臭味此敗德之原也。婆羅門不劫吾使者寧至俘虜耶擢玄策
朝散大夫得方士那邏邇娑婆寐自言壽二百歲有不死術。帝改館使治丹命兵部尚書崔敦禮護視。
使者馳天下采怪藥異石又使者走婆羅門諸國所謂畔茶法水者出石臼中有石象人守之其水有七
種色或熱或冷能銷草木金鐵人手入輒爛以橐它髑髏轉注瓠中有樹名咀賴羅藥如梨生窮山崖
腹，前有巨虺守穴不可到，欲取葉者以方鏃矢射枝則落爲羣鳥銜去則又射乃得之其詭譎類如此。
後術不驗有詔聽還不能去死長安。高宗時（六五〇至六八三）盧伽逸多（Lokaditya）者東天竺
烏茶（Odra）人亦以術進拜懷化大將軍乾封二年（六六七）五天竺皆來朝開元時（七一三
至七四一）中天竺遣使者三至。南天竺一獻五色能言鳥，乞師討大食吐蕃，丐名其軍玄宗詔賜懷
德軍使者曰蕃夷性以袍帶爲寵帝以錦袍金革帶魚袋幷七事賜之北天竺一來朝。」

宋史卷四九〇天竺國傳曰：

二六四

「天竺國舊名身毒，亦曰摩伽陀，復曰婆羅門。俗宗浮圖道，不飲酒食肉。漢武帝遣使十餘輩間出西南指求身毒，爲昆明所閉，莫能通。至漢明帝夢金人於是遣使天竺問佛道法，由是其教傳於國中。梁武帝後魏宣武皆來貢獻。隋煬帝志通西域，諸國多有至者，惟天竺不通。唐貞觀（六二七至六四九）以後朝貢相繼。則天天授中（六九〇至六九一）五天竺王並來朝獻。乾元（七五八至七五九）末河隴陷沒，途不復至。周廣順三年（九五三）西天竺僧薩滿多等十六族來貢名馬乾德三年（九六五）滄州僧道圓自西域還得佛舍利一水晶器，貝葉梵經四十夾來獻。道圓晉天福中（九三六至九四三）詣西域，在塗十二年住五印度凡六年，五印度卽天竺也，還經于闐（Khotan）與其使偕至。太祖召問所歷風俗山川道里一能記。四年（九六六）僧行勤等一百五十七人詣闕上言願至西域求佛書許之以其所歷甘沙伊蕭等州焉者（Karashar）龜玆（Kucha）于闐、割祿（Karluk）等國又歷布路沙（Purusâpura）加濕彌羅（Kasmîra）等國並詔諭其國令人引導之。開寶（九六八至九七五）後天竺僧持梵夾來獻者不絕八年（九七五）冬東印度王子穰結說囉來朝貢天竺之法國王死太子襲位餘子皆出家爲僧不復居本國有曼殊宝利（Manjušrī) 者乃其王子也，隨中國僧至焉。太祖令館於相國寺善持律爲都人之所傾嚮財施盈室衆僧

頗嫉之以其不解唐言卽僞爲奏求還本國許之詔旣下曼殊室利始大驚恨衆僧諭以詔旨不得已

遲留數月而後去自言詣南海附賈人船而歸終不知所適。太平興國七年（九八二）滄州僧光遠至

自天竺以其王沒徒曩表來上令天竺僧施護譯云：近聞支那國內有大明王至聖至明威力自在，

每歎薄幸朝謁無由遙望支那起居聖躬萬福光遠來蒙賜金剛吉祥無畏坐釋迦聖像袈裟一事，已

披掛供養伏願支那皇帝福慧圓滿壽命延長常爲引導一切有情生死海中渡諸沉溺今以釋迦舍

利附光遠上進又譯其國僧統表詞意亦與沒徒曩同施護者烏填曩（Udiyana）國人其國屬北

印度。西行十二日至乾陀羅（Gandhara）國又西行二十日至曩誐囉賀囉（Nagarahara）國又

西行十日至嵐婆（Lampaka）國又西行十二日至誐惹曩國又西行至波斯國，得西海自北印度

行百二十日至中印度。中印度西行三程至呵囉尾國又西行十二日至未曩囉國又西行十二日至

鉢賴野迦（Prayaga）國又西行六十日至迦囉挐俱惹（Kanyakubja）國又西行二十日至

烏然泥（Ujiyanī）國又西行二十五日至囉囉（Lata）國又西行四十日至蘇囉茶（Surasra.）國又西行十一日至西海。

國又西行十一日至中印度行六月程至南印度又西行九十日至供迦拏（Konkana）

國又西行一月至海自南印度南行，六月程得南海皆施護之所述云八年（九八三）僧法遇自天

竺取經回至三佛齊（Palembang）遇天竺僧彌摩羅失黎，語不多，命附表願至中國譯經，上優詔

召之。法遇後募緣製龍賓蓋裝裟將復往天竺乞給所經諸國勅書遂賜三佛齊國王遣至萬古羅

（Kākula）國主司馬佶芒柯蘭（Kūlam, Quilon）國主讚坦羅西天王子謨馱仙書以遣之。

熙中（九八四至九八七）衢州僧辭澣自西域還，與胡僧密坦羅奉北印度王及金剛坐王那爛陀

書來，又有婆羅門僧永世與波斯外道阿里烟同至京師。永世自云本國名利得國王姓牙羅五得名

阿嘻你縛衣黃衣戴金冠以七寶爲飾出乘象或肩輿，以音樂螺鈸前導多遊佛寺博施貧乏其妃曰

摩訶你，衣大紬縷金紅衣，歲一出多所振施。人有寃抑候王及妃出遊卽迎隨伸訴署國相四人庶務

並委裁制五穀六畜果實與中國無異。市易用銅錢，有文漫圓徑如中國之制但實其中心不穿貫耳。

其國東行經六月至大食國。又二月至西州又三月至夏州阿里烟自云本國王號黑衣姓張名哩沒，

用錦綵爲衣每遊獵三二日一還國署大臣九人治國事無錢貨以雜物貿易其國東行經六月至婆

羅門。至道二年（九九六）八月有天竺僧隨舶至海岸，持帝鐘鈴杵銅鈴各一佛像一軀，貝葉梵書一夾，與之語不能曉。天聖二年（一〇二四）九月西印度僧愛賢智信護等來獻梵經各賜紫方袍，束帛五年（一〇二七）二月僧法吉祥等五人以梵書來獻賜紫方袍。景祐三年（一〇三六）正月僧善稱等九人，貢梵經佛骨及銅牙菩薩像賜以束帛。」

（二）朋加剌（Bangala, Bengale）

島夷志略明加剌條曰：

「五嶺崔嵬樹林拔萃民環而居之歲以耕植爲業，故野無曠土田疇極美，每一歲凡三收穀，物皆廉卽古忻都（Sindhu）州府也。氣候常熱風俗最爲淳厚男女以細布纏頭穿長衫官稅十分中取其二爲國鑄銀錢名唐加（tanka），每箇錢八分重流通使用互易𧵂子（kauri）一萬五百二十有餘以權小錢便民良有益也產苾布，高你布兜羅錦翠羽貿易之貨用南北絲五色絹緞丁香，荳蔻青白花器白纓之屬茲番所以民安物泰皆自乎農力有以致之是故原防管茅之地民墾關種植不倦𣿫廉勞苦之役因天之時，而分地利國富俗厚可以凌舊港（Palembang）而邁闍婆（Jav3.) 也。」

瀛涯勝覽榜葛利 (Bangala) 國條曰：

「自蘇門答剌國 (Samudra) 開船取帽山 (Pulo wehp) 并翠藍島 (Nicobar) 投西北上，好風行二十日先到浙地港 (Chittagong) 泊船用小船入港五百餘里到地名鎖納兒港 (Sonārgāon) 登岸向西南行三十五站到其國。其國有城郭其王府并一應大小衙門皆在城內其國地方廣闊，物穰民稠舉國皆是回回人民俗淳善富家造船往諸番國經營者頗多出外傭役者亦多八之容體皆黑間有一白者男子皆剃髮以白布纏之身服從頭套下圓領長衣下圍各色闊手巾足穿淺面皮鞋其國王并頭目之服俱奉回回教禮冠衣甚整麗國語皆從榜葛里 (Bangali) 自成一家言語，說吧兒西 (Farsi) 語者亦有之國王以銀鑄錢名倘伽 (tanka) 每箇重官秤三錢徑官寸一寸二分，底面有紋一應買賣皆以此錢論價零用海肥番名考嚟 (kauri) 論箇數交易民俗冠喪祭婚姻之禮皆依回回教門禮制四時氣候常熱如夏稻穀一年二熟米粟細長多有細紅米粟麥芝蔴各色荳黍薑芥蔥蒜瓜茄蔬菜皆有果有芭蕉子酒有三四等椰子酒米酒樹酒茭蔁酒各色法制多有

燒酒市賣無茶人家以檳榔待人街市一應鋪店混堂酒飯甜食等肆都有駝馬驢騾水牛黃牛山羊，

棉羊鵝鴨雞豬犬貓等畜皆有果則有波羅密酸子石榴甘蔗等類其甜食則有沙糖白糖糖霜糖果，

蜜煎蜜薑之類。

一樣薑黑布番名滿者提闊四尺許長五丈餘此布緊密壯實一樣番名沙納巴付闊五尺長三丈；

般；士產五六樣細布：一樣華布番名卑泊闊三尺餘長五丈六七尺此布勻細如粉箋一

便如生平羅樣卽布羅也一樣番名忻白勤搭黎闊三尺長六丈布眼稀勻卽布紗也皆用此布纏頭

一樣番名沙楊兒闊二尺五六寸長四丈餘如好三梭布一般有一樣番名蘇黑蘇勒闊四尺長二丈

餘背面皆起絨頭厚四五分卽兜羅綿也桑柘蠶繭皆有止會作線繰絲嵌手巾幷絹不曉成綿漆器

盤碗鑲鐵鎗刀翦等器皆有賣者一樣白紙亦是樹皮所造光滑細膩如鹿皮一般國法有答杖徒流

等刑官品衙門印信行移皆有軍亦有官管給糧餉管軍頭目名吧斯剌兒醫卜陰陽百工技藝皆有

之其行術身穿挑黑線白布花衫下圍色絲手巾以各色硝子珠間以珊瑚珠穿成纓絡佩於肩項又

以靑紅硝子燒成鐲帶於兩臂人家宴飮此輩亦來勤樂口唱番歌對舞亦有解數有一等人名根肯

速魯奈卽樂工也每日五更時分到頭目或富家門首一人吹鎖嗦一人擊小鼓一人擊大鼓初起則

中國南洋交通史

二五八

慢，自有調拍，後漸緊促而息。又至一家，如前吹擊而去。至飯時仍到各家，或與酒飯，或與錢物撮弄把戲，諸色皆有不甚奇異。止有一樣，一人同其妻以鐵索拴一大虎，在街牽拽而行，至人家解弄即解其鐵索令虎坐於地其人赤體單拍對虎跳躍拽拳將虎踢打其虎性發作威咆哮勢若撲人其人與虎對跌數交畢又以一臂伸入虎口直至其喉虎不敢咬其人仍鎖虎頸則伏地討食其家則與肉啖之，又與其人錢物而去日月之定亦以十二箇月為一年無閏月節氣早晚臨期推王亦差人駕船往各番國貿賣取辦方物珍珠寶石進貢中國。」

明史卷三二六榜葛剌傳曰：

「榜葛剌 (Bangala) 即漢身毒 (Sindhu) 國東漢曰天竺又名五印度，宋仍名天竺，榜葛剌則東印度也自蘇門答剌 (Samudra) 順風二十晝夜可至。永樂六年（一四○八）其王靄牙思丁遣使來朝貢方物宴賚有差。七年（一四○九）其使凡再至，攜從二百三十餘人，帝方招徠絕域頒賜甚厚自是比年入貢十年（一四一二）貢使將至遣官宴之於鎮江，既將事使者告其王之喪遣官往祭，封嗣子賽勿丁為王十二年（一四一四）嗣王遣使奉表來謝貢麒麟及名馬方物，禮官請表賀帝勿

許。明年（一四一五）遣侯顯齎詔使其國，王與妃大臣皆有賜。正統三年（一四三八）貢麒麟，百官表賀。明年（一四三九）又入貢，自是不復至。其國地大物阜城池街市聚貨通商繁華類中國。四時氣候常如夏土沃一歲二稔不待耔耘俗淳厖有文字男女勤於耕織容體皆黑間有白者。王及官民皆回回人喪祭冠婚悉用其禮男子皆薙髮裹以白布衣從頸貫下用布圍之曆不置閏刑有笞杖徒流數等。官司上下亦有行移醫卜陰陽百工技藝悉如中國蓋皆前世所流入也其王敬天朝聞使者至遣官具儀物以千騎來迎王宮高廣柱皆黃銅色飾雕琢花獸。左右設長廊內列明甲馬隊千餘，外列巨人明盔甲執刀劍弓矢威儀甚壯丹墀左右設孔雀翎傘蓋百餘又置象隊百餘於殿前王飾八寶冠箕踞殿上高座橫劍於膝朝使入令拄銀杖者二人來導五步一呼至中則止又拄金杖者二人導如初其王拜迎詔叩頭手加額開讀受賜訖設毺毹於殿宴朝使不飲酒以薔薇露和香蜜水飲之。贈使者金盔金繫腰金瓶金盆其副則悉用銀從者皆有贈。厥貢良馬，金銀琉璃器青花白瓷鶴頂犀角翠羽鸚鵡洗白苾布兜羅綿撒哈剌糖霜乳香熟香烏香麻藤香烏爹泥紫膠藤竭烏木蘇木胡椒粗黃。」

（三）烏爹（Odra）（註三）

島夷志略烏爹條曰：

「國因伽里之舊名也。山林蓋少其地堰瀦而半曠民專農業田沃稼茂既無絕糧之患又無螟蝻之災歲凡三稔諸物皆廉道不拾遺鄉里和睦士尤尚義俗厚民泰各番之所不及也氣候男女與

朋加剌（Bangala）略同稅收十分之一地產大者黑國翠羽黃蠟木棉細匹布貿易之貨用金銀，

五色緞丁香荳蔻茅香青白花器皷瑟之屬每筒銀錢重二錢八分准中統鈔二十兩易鈒子計一萬

一千五百二十餘折錢使用以二百五十鈒子羅一尖籮熟米折官斗有一斗六升每錢收鈒子可得

四十六籮米通計七十三斗二升可供二八一歲之食有餘故販其地者十去九不還也夫以外夷而

得知務農重穀使國無遊民故家給人足歲無饑寒之憂設知與行禮讓教以詩書禮樂則與中國之

風無間然矣熟謂蠻貊之邦而不可行者乎。」

（四）注輦（Cola）（註四）

諸蕃志注輦國條曰：

二八二

「注輦國（Cola）西天南印度也東距海五里，西至西天竺千五百里南至羅蘭（註五）二千

五百里北至頓田（註六）三千里自古不通商水行至泉州約四十一萬一千四百里欲往其國當

自故臨（Kūlam）易舟而行或云蒲甘（Pagan）國亦可往其國有城七重高七尺南北十二里，

東西七里每城相去百步四城用磚二城用土最中城以木爲之皆植花果雜木第一第二城皆民居

環以小濠第三第四城侍郎居之第五城王之四子居之第六城爲佛寺百僧居之第七城卽王之所

居屋四百餘區所統有三十一部落其西十二日只都尼施亞盧尼羅琶離髓琶移布林琶布尼古檀

布林蒲登故里婆崙崙本蹄揭蹄閣黎池離那部尼遮古林亞里者林其南八曰：無雅加黎麻藍眉古

黎苦低舍里尼蜜多羅摩伽藍蒲登蒙伽林藍琶里琶離遊亞林池蒙伽藍其北十二曰：撥羅耶無沒

離江洼林加里蒙伽藍漆結嫲藍握折蒙伽藍皮林伽藍蒲稜和藍堡琶來田洼離盧娑囉迷蒙伽

（註七）民有罪命侍郎一員處治之輕者熟於木格笞五七十至一百重者卽斬或以象踐殺之其宴

則王與四侍郎膜拜于階途共作樂歌舞不飲酒而食肉俗衣布亦有餅餌掌饌執事用妓近萬餘家，

日輪三千輩祗役其嫁娶先用金銀指環使媒嫌至女家後三日會男家親族約以田土生畜檳榔酒

等稱其有無爲禮女家復以金銀指環越諾布及女所服錦衣遺壻。若男欲離女則不敢取聘財女欲卻男則倍償之。其國賦稅繁重客旅罕到。與西天諸國鬪戰官有戰象六萬皆高七八尺戰時象背立屋載勇士遠則用箭近則用槊戰勝者象亦賜號以旌其功國人尚氣輕生或有當王前用短兵格鬪死而無悔父子兄弟不同釜而爨不共器而食然甚重義。地產眞珠象牙珊瑚玻璃檳榔荳蔻琉璃色絲布吉貝布獸有山羊黃牛禽有山雞鸚鵡果有餘甘藤蘿千年棗椰子甘羅崑崙梅波羅蜜之類花有白茉莉散絲蛇臍桑麗秋黃碧婆羅瑤蓮蟬紫水蕉之類五穀有綠黑豆麥稻地宜竹自昔未嘗朝貢，大中祥符八年（一〇一五）其主遣使貢眞珠等譯者導其言曰願以表遠人慕化之義詔閤門祗候史祐之館伴宴錫恩例同龜茲使適值承天節其使獲預啓聖院祝壽至熙寧十年（一〇七七）又貢方物神宗遣內侍勞問之其餘南尼華囉等國不當百餘，悉冠以西天之名又有所謂王舍城者俗傳自交趾之北至大理大理西至王舍城不過四十程按賈耽皇華四達記云自安南通天竺是有路可通其國然達摩之來浮海至番禺豈陸程迂迴不如海道之迅便歟。西天鵬茄囉（Balla-bra）國都號茶那咕城圍一百二十里民物好勝專事剽奪以白硨螺殼磨治爲錢土產寶劍兜羅

下編　第七章　印度沿海諸國傳

綿等布。或謂佛教始於此國，唐三藏玄奘取經曾到西天南尼華囉國，城三重人早晚浴以鬱金塗體，

效佛金色，多稱婆羅門以爲佛眞子孫屋壁坐席悉塗牛糞相尙以此爲潔家置壇崇三尺三級而升，

每晨焚香獻花名爲供佛。大食（Arabes）番至其國則坐之門外館之別室具供帳器皿。婦人犯奸

輒殺之官不問。土產上等木香細白花藥布。番人多食酥酪飯豆菜少食魚肉道通西域西域忽有輕騎

來刼，但閉門距之數日乏糧自退」

宋史卷四八九注輦國傳曰：

「注輦國東距海五里西至天竺千五百里，南至羅蘭二千五百里，北至頓田三千里自古不通

中國，水行至廣州約四十一萬一千四百里。其國有城七重高七尺南北十二里東西七里每城相去

百步凡四城用塼二城用土最中城以木爲之皆植花果雜木其第一至第三皆民居環以小河第四

城四侍郎居之第五城主之四子居之第六城爲佛寺百僧居之第七城卽主之所居室四百餘區所

統有三十一部落其西四十二曰只都尼施亞盧尼羅琶離䥍琶移布林琶布尼古檀布林蒲登故里娑

輪岑本蹄揭蹄閣黎池離郍部尼遮古林亞里者林其南八曰：無雅加黎麻藍眉古黎苦低舍里泥密

多羅摩，伽藍蒲登蒙伽林伽藍琶里琶灘遊遊，亞林油蒙伽藍其北十二日撥囉耶，無沒離江注林，加里

纍伽藍漆結麻藍樘折蒙伽藍皮林伽藍浦稜和藍堡琶來，田注離盧婆囉迷蒙伽藍今國主相傳三

世矣。民有罪即命侍郎一員處治之輕者繫於木格笞五十至一百，重者即斬或以象踐殺之其宴則

國主與四侍郎膜拜于階途共坐作樂歌舞不飲酒而食肉俗衣布亦有餅餌掌饌執事用婦人其嫁

娶先用金銀指環使媒婦至女家，後二日會男家親族約以土田生畜檳榔酒等稱其有無為禮女家

復以金銀指環越諾布及女所服錦衣遺壻若男欲離女則不取聘財女卻男則倍償之其兵陣用象

居前小牌次之棧槍次之長刀又次之弓矢在後四侍郎分領其眾。國東南約二千五百里有悉蘭池

(Sirandib)國，或相侵伐，地產真珠象牙珊瑚頗黎檳榔豆蔻吉貝布。獸有山羊黃牛禽有山雞鸚

鵡果有餘甘藤蘿千年棗椰子甘羅崑梅婆羅蜜等花有白末利散絲蛇臍佛桑麗秋青黃碧婆羅，

瑤蓮蟬紫水蕉之類。五穀有綠豆黑豆麥稻地宜竹自昔未嘗朝貢，大中祥符八年（一〇一五）九

月其國主羅茶羅乍（Rājaraja）遣進奉使侍郎娑里三文副使蒲恕判官翁勿防援官亞勒加等

奉使來貢三文等以盤奉眞珠碧玻璃升殿布於御坐前降殿再拜譯者導其言曰願以表遠人慕化

之誠，其國主表曰：「臣羅茶羅乍言，昨遇舸舶船商人到本國告稱鉅宋之有天下也，二帝開基，聖人

繼統，登封太岳，禮祀汾陰，至德升聞，上穹睿命，臣昌期斯遇，吉語幸聞，輒傾就日之誠，仰露朝天之款。

臣伏聞人君之御統也，無遠不臻，臣子之推誠也，有道則服。伏惟皇帝陛下功超遂古道建大中衣裳

垂而德合乾坤，劍戟鑄而範圍區宇神武之德以臨御下民懷翼翼之心以昭

事上帝至仁不傷於行葦大信爰及於淵魚故得沃鑒孔彰帝文有赫顯今古未聞之事保家邦大定

之其竊念臣微類醯雞賤如芻狗世居夷落地遠華風虛荷燭幽曾無執贄今者竊聽歌頌普及遐陬，

恨年屬於桑榆阻躬陳於玉帛短滄溟之向日謹遺專使等五十二人奉土物來貢凡眞珠衫帽各一眞珠二

螻蟻之慕膻委質事君比葵藿之向日謹遺專使等五十二人奉土物來貢凡眞珠衫帽各一眞珠二

萬一千一百兩象牙六十株乳香六十斤三文等又獻珠六千六百兩香藥三千三百斤」初羅茶羅

乍既聞商船言且曰：十年來海無風濤古老傳云如此則中國有聖人故遺三文等入貢。

舟行七十七晝夜歷郍勿丹山（Nagapattana）娑里西蘭山（Soli Silan）至占賓國又行六十

一晝夜歷伊麻羅里山至古羅國（Kra）國有古羅山因名焉又行七十一晝夜歷加八山占不牢

山，舟實龍山至三佛齊國（Palembang）。又行十八晝夜度蠻山水口歷天竺山（Pulaw Aor）

至寶頭狼山（Pāṇḍuraṅga）望東西王母塚距舟所將百里又行二十晝夜度羊山九星山至廣州之琵琶洲離本國凡千一百五十日至廣州焉（註八）詔閤門祗候史祐之館伴凡宴賜恩例同龜茲

使其年承天節三文等請於啓聖禪院會僧以祝聖壽明年（一〇一六）使回降詔羅茶羅乍賜物甚厚天禧四年（一〇二〇）又遣使邲欄得麻烈呧奉方物入貢至廣州病死守臣以其表聞詔廣州宴

犒從者厚賜以遣之明道二年（一〇三三）十月其王尸離囉茶印㖥囉注囉遣使蒲押陁離等以泥金表進眞珠衫帽及眞珠一百五兩象牙百株西染院副使閤門通事舍人符惟忠假鴻臚少卿押

伴蒲押陁離離自言數朝貢而海風破船不達願將上等珠就龍牀脚撒殿頂戴瞻禮以申嚮慕之心乃奉銀盤升殿跪撒珠於御榻下而退景祐元年（一〇三四）二月以蒲押陁離爲金紫光祿大夫懷

化將軍還本國。熙寧十年（一〇七七）國王地華加羅遣使奇囉囉副使南卑琶打判官麻圖華羅等二十七人來獻跪豆珠麻瑠璃大洗盤白梅花腦錦花犀牙乳香瓶薔薇水金蓮花木香阿魏鵬砂，

丁香使副以眞珠龍腦登陸跪而散之謂之撒殿旣降詔遣御藥室勞之以爲懷化將軍保順郎將各

賜衣服器幣有差答賜其王錢八萬一千八百緡銀五萬二千兩。」

島夷志略馬八兒嶼（Ma'bar）條曰：

「控西北之隅居加將門之右瀕山而居，土鹹田沃饒歲倍收氣候熱俗淫男女散髮以椰葉蔽羞。不事緝織鑿井煮海為鹽釀椰漿為酒無酋長地產翠羽細布大羊百有餘斤穀米價廉貿易之貨用沙金青緞白礬紅綠燒珠之屬次曰拔忽曰里達那曰骨里傍曰安其曰伽忽皆屬此國之節制焉。

元史卷二一〇馬八兒等國傳曰：

「海外諸蕃國惟馬八兒（Ma'bar）與俱藍（Kulam, Quilon）足以綱領諸國而俱藍又為馬八兒後障自泉州至其國約十萬里其國至阿不合（Abaqa）大王城水路得便風約十五日可到比餘國大世祖至元間（一二六四至一二九四）行中書省左丞唆都等奉璽書十通招諭諸蕃未幾占城馬八兒國俱奉表稱蕃餘俱藍諸國未下行省議遣使十五人往諭之帝曰非唆都等所可專也若無朕命不得擅遣使。十六年（一二七九）十二月遣廣東招討司達魯花赤楊庭璧招俱

藍。十七年（一二八〇）三月至其國，國主必納的令其弟肯那卻不剌木省書回回字降表附庭璧以

進言來歲遣使入貢。十月授哈撒兒海牙俱藍國宣慰使，偕庭璧再往招諭。十八年（一二八一）正月

自泉州入海行三月抵僧伽耶山舟人鄭震等以阻風乏糧，勸往馬八兒國，或可假陸路以達俱藍國，

從之，四月至馬八兒國新村馬頭登岸其國宰相馬因的謂官人此來甚善，本國船到泉州時官司亦

嘗慰勞無以為報，今以何事至此。庭璧等告其故，因及假道之事，馬因的乃託以不通為辭與其宰相

不阿里相見又言假道，不阿里亦以它事辭五月二人蓋至館屏人令其官者為通情竇乞為達朝廷，

我一心願為皇帝奴我使札馬里丁入朝，我大必闍赤赴算彈告變算彈籍我金銀田產妻孥又欲殺

我我詭辭得免令算彈兄弟五人皆聚加一(Cail, Kayal)之地，議與俱藍交兵及聞天使來，對眾

稱本國貧陋此是妄言凡回回國金珠寶貝盡出本國其餘回回盡來商買此間諸國皆有降心若馬

八兒既下我使人持書招之，可使盡降時哈撒兒海牙與庭璧以阻風不至俱藍遂還哈撒兒海牙入

朝計事期以十一月俟北風再舉至期朝廷遣使令庭璧獨往十九年（一二八二）二月抵俱藍國

國主及其相馬合麻等迎拜璽書三月遣其臣祝阿里沙忙里八的入貢時也里可溫 (Arkä'un)

兀咱兒撒里馬及木速蠻 (Musulman) 主馬合麻等亦在其國聞詔使至皆相率來告，願納歲幣，遣使入觀會蘇木達 (Sumūtra) 國亦遣人因俱藍主乞降庭璧皆從其請四月還至那旺國 (Nicobar?) 庭璧復說下實主忙昂比至蘇木都剌 (Sumūtra) 國國主土漢八的迎使者庭璧因諭以大義士漢八的卽日納款稱藩遣其臣哈散速里蠻二八入朝。二十年 (一二八三) 馬八兒國遣僧撒及班入朝五月將至上京帝卽遣使迓諸途。二十三年 (一二八六) 海外諸蕃國以楊庭璧奉詔招諭至是皆來降諸國凡十曰馬八兒 (Ma'bar) 曰須門那 (Sūmanāt) 曰僧急里 (Cranganore) 曰南無力 (Lāmurī) 曰馬蘭丹曰那旺 (Nicobar?) 曰丁呵兒 (Trengganu?) 曰來來 (Leta, Lar)，曰急蘭亦觧 (Kelantan?)，曰蘇木都剌 (Sumūtra)，皆遣使貢方物。」(註九)

明史卷三二五瑣里 (Cola, Soli) 傳曰：

「瑣里近西洋瑣里而差小洪武三年 (一三七〇) 命使臣塔海帖木兒齎詔撫諭其國。(一三七二) 王卜納的遣使奉表朝貢并獻其國土地山川地圖帝顧中書省臣曰西洋諸國素稱遠蕃涉海而來難中歲月其朝貢無論疏數厚往薄來可也乃賜大統曆及金織文綺紗羅各四四使

中國南洋交通史

二七〇

二八二

者亦賜幣帛有差。

同卷西洋瑣里（註一〇）傳曰：

「西洋瑣里洪武二年（一三六九）命使臣劉叔勉以即位詔諭其國。三年（一三七〇）平定沙漠，復遣使臣頒詔，其王別里提遣使奉金葉表從叔勉獻方物賜文綺紗羅諸物甚厚弃賜大統曆。成祖頒卽位詔於海外諸國西洋亦與焉。永樂元年（一四〇三）命副使聞良輔行人甯善使其國，賜絨錦文綺紗羅已復命中官馬彬往使賜如前其王卽遣使來貢附載胡椒與民市有司請徵稅命勿徵二十一年（一四二三）偕古里（Calicut）阿丹（Aden）等十五國來貢。」

（五）加異勒（Cail）（註一二）

明史卷三二六加異勒國傳曰：

「加異勒西洋小國也。永樂六年（一四〇八）遣鄭和齎詔招諭賜以錦綺紗羅九年（一四一一）其酋長葛卜者麻遣使奉表貢方物，命賜宴及冠帶綵幣寶鈔十年（一四一二）和再使其國後凡三入貢宣德五年（一四三〇）和復賜其國八年（一四三三）又偕阿丹等十一國來貢。」

（六）師子國（Ceylan）（註一二）

法顯行傳所誌師子國詳見本書上編第三章（註一三）

宋書卷九十七師子國傳曰：

「師子國元嘉五年（四二八）國王刹利摩訶南（Kṣatriya Mahānama）奉表曰：『謹白大宋明主雖山海殊隔而音信時通伏承皇帝道德高遠覆載同於天地明照齊乎日月四海之外無往不伏方國諸王莫不遣信奉獻以表歸德之誠。或泛海三年陸行千日畏威懷德無遠不至我先王以來唯以修德爲正不嚴而治奉事三寶道濟天下欣人爲善慶若在己欲與天子共弘正法以度難化，故託四道人遣二白衣送牙臺像以爲信誓信還願垂音告。』至十二年（四三五）又復遣使奉獻。」

梁書卷五十四師子國傳曰：

「師子國天竺旁國也其地和適無冬夏之異五穀隨人所種不須時節其國舊無人民止有鬼神及龍居之諸國商估來共市易鬼神不見其形但出珍寶顯其所�價商人依價取之諸國人聞其

土樂，因此競至或有停住者，遂成大國。晉義熙（四〇五至四一八）初始遣獻玉像，經十載乃至像，

高四尺二寸，玉色潔潤，形製殊特殆非人工。此像歷晉宋世在瓦官寺，寺先有徵士戴安道手製佛像

五軀，及顧長康維摩畫圖，世人謂三絕至齊東昏（四五九至五〇〇）遂毀玉像前截臂次取身爲

嬖妾潘貴妃作釵釧。宋元嘉六年（四二九）十二年（四三五）其王剎利摩訶遺使貢獻。大通元

年（五二七）後王伽葉伽羅訶梨邪使奉表曰『謹白大梁明主雖山海殊隔而晉信時通伏承皇

帝道德高遠覆載同於天地明照齊乎日月西海之表無有不從方國諸王莫不奉獻以表慕義之誠。

或泛海三年陸行千日畏威懷德，無遠不至我先王以來唯以修德爲本不嚴而治奉事正法道濟天

下欣人爲善慶若己身欲與大梁共弘三寶以度難化信還伏聽告敕今奉薄獻願垂納受』」

新唐書卷二二一下師子國傳曰：

「師子居西南海中延袤二千餘里有稜伽（Laṅka）山多奇寶以寶置洲上商舶償直輒取

去後鄰國人稍往居之能馴養師子因以名國總章三年（六七〇）遣使者來朝天寶（七四二至

七五五）初王尸羅迷迦（Silamegha）再遣使獻大珠鈿金寶瓔象齒白㲲。」

諸蕃志細蘭（Silan）國附藍無里國後，參看本書下編第五章。

島夷志略高郎步（Colombo）條曰：

「大佛山之下灣環中縱橫皆鹵股石其地濕卑田瘠，米穀翔貴氣候暖俗薄，海舶人不幸失風或駐閣於其地者，徒為酋長之利，舶中所有貨物多至全璧而歸之，酋以為天賜也，孰知舶人妻子飢寒之所望哉。男女髻繫八節那開木捎，瀕海為鹽釀蔗漿為酒。有酋長地產紅石頭，與僧加剌（Simhala）同貿易之貨用八丹布斗錫酒薔薇水蘇木金銀之屬。」

瀛涯勝覽錫蘭國條曰：

「自帽山（Pulo Weh?）南放洋，好風向東北行三日見翠藍山（Nicobar）在海中其山三四座，惟一山最高大番名桉篤蠻（Andaman）山彼處之人巢居穴處，男女赤體皆無寸絲如獸畜之形土不出米惟食山芋波羅蜜芭蕉子之類，或海中捕魚蝦而食。人傳云：若有寸布在身即生爛瘡昔釋迦佛過海於此處登岸脫衣入水澡浴彼盜藏其衣，被釋迦咒詛以此至今人不能穿衣俗言出卵塢，即此地也過此投西船行七日見鶯歌嘴山再三兩日到佛堂山（Dondera Head）纔到錫蘭國

馬頭名別羅里，自此泊船登岸陸行此處海邊山腳光石上，有一足跡長二尺許云是釋迦從翠藍山來，從此處登岸腳踏此石故跡存焉中有淺水不乾人皆手蘸其水洗面拭目曰佛水清淨。左有佛寺，內有釋迦佛混身側臥尚存不朽其寢座用各樣寶石粧嵌沈香木為之甚是華麗又有佛牙并活舍利子等物在堂其釋迦涅槃正此處也又北去四五十里纔到王居之城國王係鎖俚（Soli, Cola）人氏崇信釋教尊敬象牛人將牛糞燒灰遍搽其體牛不致食其乳如有牛死卽埋之若私宰牛者，王法罪死或納牛頭大金以贖其罪王之居址，大家小戶每晨將牛糞用水調稀遍塗屋下地面然後拜佛，兩手直舒於前，兩腿直伸於後，胸腹皆貼地而為拜。王居之側，有一大山（Adam's Peak），侵雲高聳山頂有人腳跡一箇入石深二尺長八尺餘云是人祖阿聃（Adam）聖人卽盤古之足跡也。此山內出紅雅姑，靑雅姑黃雅姑靑米藍石昔剌泥窟沒藍等一切寶石皆有每有大雨冲出土，流下沙中尋拾則有常言寶石乃是佛祖眼淚結成其海中有雪白浮沙一片日月照其沙光采激豔，日有珍珠螺蚌聚集沙上其王置珠池，二三年一次令人取螺蚌傾入池中差人看守此池候其壞爛，則用水淘珠納官亦有偷盜賣於他國者其國地廣人稠，亞於爪哇。民俗饒富男子上身赤膊下圍色

絲手巾加以壓腰滿身毫毛俱剃淨止留其髮用白布纏頭如有父母死者其鬚毛即不剃此爲孝禮

婦人撮髻腦後下圍白布其新生小兒則剃頭女留胎髮不剃就養至成人無酥油牛乳不食飯人欲

食飯則於暗處潛食不令人見平居檳榔荖葉不絕於口米穀芝蔴菉荳皆有惟無大小二麥椰子至

多油糖酒醬皆以此物借造而食死則以火化埋骨其喪家聚親鄰之婦都將兩手齊拍胸乳而叫號

哭泣爲禮果有芭蕉子波羅蜜甘蔗瓜茄蔬菜牛羊雞鴨皆有王以金爲錢通行使用每錢一箇重官

秤一分六釐中國麝香紵絲色絹青磁盤碗銅錢樟腦甚喜則將寶石珍珠換易王常差人賚寶石等

物隨同回洋寶船進貢中國。

明史卷三二六錫蘭山傳曰：

「錫蘭山或云卽古狼牙修，梁時曾通中國自蘇門答剌順風十二晝夜可達永樂中（一四〇

三至一四二四）鄭和使西洋至其地其王亞烈苦奈兒欲害和和覺去之他國。王又不睦鄰境屢邀

劫往來使臣諸番皆苦之。及和歸復經其地，乃誘和至國中發兵五萬劫和塞歸路和乃率步卒二千

由間道乘虛攻拔其城生擒亞烈苦奈兒及妻子頭目獻俘於朝廷羣臣請行戮帝憫其無知并妻子

皆釋，且給以衣食，命擇其族之賢者立之。有邪把乃那者諸俘囚咸稱其賢，乃遣使齎印誥封為王。其舊王亦遣歸。自是海外諸蕃益服天子威德，貢使載道，王遂屢入貢。宣德五年（一四三〇）鄭和撫諭其國。八年（一四三三）王不剌葛麻巴忽剌批（Parakhāma Bāhu VI）遣使來貢。正統元年（一四三六）命附爪哇貢舶歸，賜敕諭之。十年（一四四五）偕滿剌加使者來貢。天順三年（一四五九）王葛力生夏剌昔利把交剌惹（Siṃhala Siri Parakhāma Bāhu rāja）遣使來貢，嗣後不復至。

其國地廣人稠，貨物多聚，亞於爪哇東南海中有山三四座，總名曰翠藍嶼（Nicobar），大小七門門皆可通舟，中一山尤高大番名梭篤蠻山（Andaman）其人皆巢居穴處，赤身髡髮。相傳釋迦佛昔經此山浴於水或竊其袈裟佛誓云後有穿衣者必爛其皮肉自是寸布掛身輒發瘡毒，故男女皆裸體，但�紉木葉蔽其前後或圍以布故又名裸形國地不生穀惟啖魚蝦及山芋波羅蜜芭蕉實之屬。自此山西行七日見鸚哥嘴山又二三日抵佛堂山即入錫蘭國境海邊山石上有一足跡長三尺許故老云佛從翠藍嶼來踐此，故足跡尚存。中有淺水四時不乾人皆手蘸拭目洗面曰佛水清淨山下僧寺有釋迦眞身側臥牀上旁有佛牙及舍利，相傳佛涅槃處也其寢座以沉香為

之，飾以諸色寶石莊嚴勝王所居側有大山高出雲漢其顛有巨人足跡入石深二尺長八尺餘，云是

盤古遺跡。此山產紅雅姑、青雅姑、黃雅姑、昔剌泥窟沒藍等諸色寶石，每大雨衝流山下，土人競拾之。

海旁有浮沙珠蚌聚其內光彩瀲灩，王使人撈取置之地蚌爛而取其珠故其國珠寶特富，王瑣里國

人，崇釋教重牛日取牛糞燒灰塗其體又調水以徧塗地上，乃禮佛手足直舒腹貼於地以爲敬王及

庶民皆如之。不食牛肉此食其乳死則瘞之，有殺牛者罪致死，氣候常熱，米粟豐足民富饒，然不喜噉

飯，欲噉則於暗處，不令人見徧體皆毫毛悉薙去，惟髮不薙所貢物有珠珊瑚寶石水晶撒哈剌西洋

布，乳香樹香檀香沒藥硫黃藤竭蘆薈烏木胡椒碗石馴象之屬。

（七）小唄喃 (Kālam, Quilon) (註一四)

島夷志略小唄喃條曰：

「地與都欄礁相近厥土黑墳宜穀麥民居懶事耕作歲藉烏爹 (Udra) 運米供給或風迅到

遲，馬船巳去貨載不滿風迅或逆不得過喃呱哩 (Lāmurī) 洋且防高浪阜 (Colombo) 中鹵股

石之厄，所以此駐冬候下年八九月馬船復來，移船回古里佛 (Calicut) 互市風俗男女衣著與古

里佛同，有村主無酋長地產胡椒椰子檳榔溜魚貿易之貨用金銀青白花器八丹布五色緞鐵器之屬。」

瀛涯勝覽小葛蘭國 (Kūlam, Quilon) 條曰：

「自錫蘭國馬頭名別羅里開船往西北好風行六晝夜可到，其國邊海東連大山，西是大海南北地狹外亦大海連海而居國王國人皆鎖俚 (Soli, Cola) 人氏崇信釋教尊敬象牛婚姻喪葬等事與錫蘭國同土產蘇木胡椒不多其果菜之類皆有牛羊頗異他產其羊青毛長脚高二尺三尺者，黃牛有三四百斤者酥油多有賣者人一日二湌，皆用酥油拌飯而食王以金鑄錢每箇重官秤一分，通行使用雖是小國其王亦將方物差人貢於中國。」

明史卷三二六小葛蘭傳曰：

「小葛蘭 (Kūlam, Quilon) 其國與柯枝 (Cochin) 接境，自錫蘭山西北行六晝夜可達。東大山西大海南北地窄西洋小國也。永樂五年（一四○七）遣使附古里蘇門答剌入貢賜其王錦綺紗羅鞍馬諸物其使者亦有賜王及羣下皆瑣里人牽釋教重牛及他婚喪諸禮多與錫蘭同俗淳。

土薄收穫少仰給榜葛剌鄭和嘗使其國厥貢惟珍珠傘白棉布胡椒又有大葛蘭者波濤湍悍舟不可泊，故商人罕至土黑墳本宜穀麥民懶事耕作歲賴烏爹之米以足食風俗物產多類小葛蘭」。

（八）古里佛（Calicut）（註一五）

島夷志略古里佛條曰：

「當巨海之要衝去僧加剌（Simhala）密邇，亦西洋諸馬頭也。山橫而田瘠宜種麥每歲藉烏爹米至行者讓路道不拾遺俗稍近古其法至謹盜一牛酋以牛頭為準失主仍以犯人家籍沒而戮之官場居深山中海濱為市以通貿易地產胡椒亞於下里（Hili）人間居有倉廩貯之每播荷三百七十五斤稅收十分之二次加張葉皮桑布薔薇水波羅蜜孩兒茶其珊瑚珍珠乳香諸等貨皆由甘埋佛朗來也去貨與小唄喃國同蓄好馬自西極來故以舶載至此國每正互易動金錢千百或至四千為率否則番人議其國空之也」

瀛涯勝覽古里國（Calicut）條曰：

「即西洋大國從柯枝（Cochin）國港口開船往西北行三日方到其國邊海山之東有五七

百里，遠通坎巴夷 (Koyampadi) 國西臨大海南連柯枝國界北邊相接狠奴兒 (Honavar) 地面，

西洋大國，正此地也。永樂五年 (一四○七) 朝廷命正使太監鄭和等齎詔勑賜其國王誥命銀印給

賜陞賞各頭目品級冠帶統領大䑸寶船到彼起建碑庭立石云：其國去中國十萬餘里民物咸若熙

皥同風刻石于茲永示萬世國王係南昆 (Namburi) 人崇信佛教尊敬象牛國人內有五等：回回

人，南昆人哲地 (Chitti) 人革令 (Kling) 人木瓜 (Mukuva) 人其國王國人皆不食牛肉。回回

大頭目是回回人皆不食豬肉先是王與回回人誓定爾不食牛我不食豬互相禁忌至今尙然王以

銅鑄佛像名乃納兒起造佛殿以銅鑄瓦而蓋佛座傍掘井每日侵晨王至汲水浴佛拜訖令人收取

黃牛淨糞用水調於銅盆如糊遍擦殿內地面牆壁且命頭目并富家每早亦塗擦牛糞又將牛糞燒

成白灰研細用好布爲小袋盛灰常帶在身每日侵晨洗面畢取牛糞灰調水擦塗其額并兩股間各

三次爲敬佛敬牛之誠傳云昔有一聖人名某些 (Musa, Moses) 立教化人人知其是眞天人皆

欽從以後聖人同往他所令其弟名撒沒嚛 (al-Samêri) 掌管教人其弟心起矯妄鑄一金犢曰，

此是聖主凡叫之則有靈驗教人聽命崇敬其金牛日常糞金人得金心愛而忘天道皆以牛爲眞主。

後某些聖人回還見衆人被弟撒沒嗦惑壞聖道，逐廢其牛，而欲罪其弟其騎一大象遁去後人思之，懸望其還且如月初則言月中必至及至月中又言月盡必至至今望之不絕。南昆人敬象牛由此故也王有大頭目二人掌管國事俱是回回人國中大半皆奉回回教門禮拜。次行禮拜至日舉家齋浴諸事不幹巳午時大小男子到寺禮拜至未時方散回家纔做買賣幹理家事人甚誠信狀貌濟楚標致其二大頭目受中國朝廷陞賞若寶船到彼全憑二人主爲買賣王差頭目并哲地未訥几（Waligi chitti?）計書算於官府牙人來會領船大人議擇某日打價至日先將帶去錦綺等物逐一議價數彼此收執其頭目哲地郎與內官大人衆手相拏其牙人則言某月某日於衆手中拍一掌巳定或貴或賤再不悔改然後哲地富戶纔將寶石珍珠珊瑚等物來看議價非一日能定快則一月緩則二三月若價錢較議巳定如買一主珍珠等物該價若干是原經手頭目未訥几計算該還紵絲等物若干照原打手之貨交還毫釐無改彼之算法無算盤只以兩手兩腳并二十指計算毫釐無差甚異於常王以六成金鑄錢行使名吧南（fanam），每箇徑面官寸三分八釐面底有紋重官秤一分又以銀爲錢名搭兒（tar），每個約重三釐零用此錢衡法

每番秤一錢該官秤八分每番秤一兩計十六錢該官秤一兩二錢八分番秤二十兩爲一斤該官秤

一斤九兩六錢其番秤名番剌失（frasila）秤之權釘定於衡末稱準則活動於衡中提起平爲定

盤星稱物則移準向前隨物輕重而進退之止可秤十斤該官秤香貨之類二百斤番秤爲

一播荷（bahar）該官秤三百二十斤若稱胡椒二百五十斤爲一播荷該官秤四百斤凡稱一應巨

細貨物多用天平對較其量法官鑄銅爲升行使番名党憂黎每升該官升一升六合西洋布本國名

搭黎奄出於鄰境坎巴夷等處每正闊四尺五寸長二丈五尺賣彼處金錢八箇或十箇國人亦將蠶

絲綀染各色織間道花手巾闊四五尺長一丈二三尺每條賣金錢一百箇胡椒山鄉住人置園多種，

到十月間椒熟採摘曬乾而賣，自有收椒大戶來收，上官庫收貯，若有買者，官與發賣，見數計算稅錢

納官，每胡椒一播荷，賣金錢二百箇其哲地多收買下各色寶石珍珠幷做下珊瑚珠等物各處番船

到彼國王亦差頭目幷寫字人等眼同而賣，就取稅錢納官富家多種椰子樹，或一千株，或二千三千

株爲產業其椰子有十般使用，嫩者有漿甚甜好喫，可釀酒老者椰內打油做糖做飯喫外包之穰，打

索，造船椰殼爲碗爲杯又好燒灰打箱金銀細巧生活樹好造屋葉好蓋屋蔬菜有芥菜生薑蘿蔔胡

茭蔥蒜葫蘆茄子荼瓜東瓜四時皆有又有一等小瓜如指大長二寸許如青瓜之味其蔥紫皮如蒜

大頭小葉稱勃而賣波羅蜜芭蕉子廣有賣者木別子樹高十餘丈結子如綠柿樣內包其子三四十

箇熟則自落其蝙蝠如鷹之大都在此樹上倒掛而歇米紅白皆有麥大小俱無其麵皆從別處販來

賣。雞鴨廣有無鵝羊腳高灰色如驢駒子之樣。水牛不甚大黃牛有三四百勃者人不食其肉止食其

乳酪人無酥油不喫飯其牛養至老死即埋之各色海魚其價極賤山中鹿兔亦有賣者人家多養孔

雀其他禽鳥則有鳥雅蒼鷹鷺鷥燕子其餘大小禽鳥則並無有國人亦會彈唱以葫蘆殼爲樂器紅

銅絲爲絃唱番歌相和而彈音韻堪聽民俗婚喪之禮，鎖俚人回回人各依自家本等體例不同其王

位不傳於子而傳於外甥傳甥止論女腹所生爲嫡族，其王若無弟遜與有德之

人，世代相仍如此。王法無鞭笞之刑罪輕者截手斷足重則罰金誅戮甚則抄沒滅族人有犯法者拘

之到官即伏其罪若事情或有寃枉不伏者，則於王前或大頭目前置一鐵鍋盛油四五勃煎滾先以

樹葉投試爆彈有聲遂令其人以右手二指煠於油內片時待焦方起用布包裹封記監留在官二三

日後聚衆開封視之若手爛潰其事不枉即加以刑若手如舊不損則釋之頭目人等以鼓樂禮送此

人回家，諸親鄰友饋禮相賀飲酒作樂以相慶此事最爲奇異使回之日其國王欲進貢用好赤金五十兩令番匠抽如髮細金絲結綰成片以各色寶石大珍珠廂成寶帶一條差頭目乃邦進奉中國。」

明史卷三二六古里傳曰：

「古里西洋大國西濱大海南距柯枝國，北距狠奴兒國（Honavar），東七百里距坎巴國，自柯枝舟行三日可至，自錫蘭山十日可至諸蕃要會也。永樂元年（一四〇三）命中官尹慶奉詔撫諭其國賚以綵幣其酋沙米的喜遣使從慶入朝貢方物。三年（一四〇五）達南京封爲國王賜印誥及文綺諸物遂比年入貢，鄭和亦數使其國。十三年（一四〇五）偕柯枝南浮利廿巴里滿剌加諸國入貢，十四年（一四一六）又偕爪哇滿剌加占城錫蘭山木骨都束溜山南浮利不剌哇阿丹蘇門答剌麻林剌撒忽魯謨斯柯枝南巫里沙里灣泥彭亨諸國入貢是時諸蕃使臣充斥於廷以古里大國序其使者於首十七年（一四一九）偕滿剌加十七國來貢。十九年（一四二一）又偕忽魯謨斯等國入貢二十一年（一四二三）復偕忽魯謨斯等國遣使千二百人入貢時帝方出塞敕皇太子曰天時向寒貢使卽令禮官宴勞給賜遣還其以土物來市者官酬其直。宣德八年（一四三

三）其王比里麻遣使偕蘇門答剌等國使臣入貢其使久留都下正統元年（一四三六）乃命附

爪哇貢舟西還自是不復至其國山多地瘠有穀無麥俗甚淳行者讓道道不拾遺人分五等如柯枝，

其敬浮屠鑿井灌佛亦如之。每旦王及臣民取牛糞調水塗壁及地，又煨爲灰抹額及股謂爲敬佛國

中牛崇回教建禮拜寺數十處七日一禮男女齋沐謝事午時拜天於寺未時乃散王老不傳子而傳

甥無甥則傳弟無弟則傳於國之有德者國事皆決於二將領以回回人爲之。刑無鞭笞輕者斷手足，

重者罰金珠尤重者夷族沒產鞫獄不承則置其手指沸湯中三日不爛卽免罪免罪者將領導以鼓

樂送還家親戚致賀富家多植椰子樹至數千其嫩者漿可飲亦可釀酒老者可作油糖亦可作飯幹

可構屋葉可代瓦殼可置杯穰可索絢煨爲灰可鑲金其他蔬果畜產多類中國所貢物有寶石珊瑚

珠琉璃瓶琉璃枕賓鐵刀拂郎雙刃刀金繫腰阿思模達塗兒氣龍涎香蘇合油花氈單伯蘭布苾布

之屬」

（九）柯枝（Kŏĕi, Cochin）（註一六）

瀛涯勝覽柯枝條曰：

「自小葛蘭國開船，沿山投西北，好風行一晝夜到其國港口泊船本國東是大山西臨大海北邊海，有路可往鄰國其國王與民亦鎖俚人氏頭纏黃白布上不穿衣下圍紵絲手巾再用顏色紵絲一匹纏之於腰名曰壓腰其頭目及富人服用與王者頗同民居之屋用椰子木起造用椰子葉編成片如草苫樣蓋之雨不能漏家家用磚泥砌一土庫止分大小凡有細軟之物俱放於內以防火盜圖有五等人一等名南昆與王同類內有剃頭挂線在頸者最爲貴族二等回回人三等名哲地(chitti)係有錢財主四等人名革令(kling)專與人作牙保五等人名木瓜(mukuva)木瓜者至低賤之人也至今此輩在海濱居住房簷高不過三尺高者有罪其穿衣上不過臍下不過膝其出於途如遇南昆哲地人即伏於地候過即起而行木瓜之輩專以漁樵及擡負挑擔爲生官不容穿長衣其經商買賣與中國漢人一般其國王崇信佛教尊敬象牛建造佛殿以銅鑄佛像用青石砌座佛座邊週圍砌成水溝傍穿一井每日侵晨則鳴鐘擊鼓汲井水於佛頂澆之再三衆省羅拜而退另有一等人名濁膿(yogi)即道人也亦有妻子此輩自出母胎髮不經剃亦不梳篦以酥油等物將髮搓成條縷或十餘條或七八條披拽腦後卻將黃牛之糞燒成白灰遍擦其體上下皆不穿衣止用如拇指

大黃藤兩轉緊縛其腰，又以白布爲梢子手拏大海螺常吹而行，其妻略以布遮其醜隨夫而行此等

卽出家人倘到人家，則與錢米等物其國氣候常暖如夏，無霜雪每至二三月日夜間則下陣頭雨一

二次番人各蓋房屋備辦食用至五六月日夜間下滂沱大雨街市成河人莫能行大家小戶坐候

雨信過七月纔晴到八月半後晴起，到冬點雨皆無直至次年二三月間又下雨常言半年下雨半年

晴，正此處也土無他產，祇出胡椒人多置園圃種椒爲業每年椒熟本處自有收買置倉盛

貯待各處番商來買論播荷（behar）說價每一播荷該番秤二十五封剌（frasila）每一封剌該番

秤十斤計官秤十六斤每一播荷該官秤四百斤，賣彼處金錢或一百箇或九十箇直銀五兩名稱哲

地者皆是財主專一收買下寶石珍珠香貨之類，候中國寶石船或別國番船客人來買珍珠以分數

論價而買且如珠每顆重三分半者賣彼處金錢一千八百箇，直銀一百兩。珊瑚枝梗其哲地論斤重

買下，顧倩匠人剪斷車旋成珠洗磨光淨亦秤分量而買王以九成金鑄錢行使名曰法南（fanam），

重官秤一分一釐又以銀爲錢比海螺醫大每箇官秤四釐名曰答兒（tar）每金錢一箇倒換銀錢

十五箇街市行使零用則以此錢國人婚喪之禮其五等人皆各從其類而不同米粟麻荳黍稷皆有，

止無大小二麥象馬牛羊犬猫雞鴨皆有只無驢騾與鵝爾國王亦差頭目隨共回洋寶船將方物進

貢中國。

明史卷三二六柯枝傳曰:

「柯枝或言即古盤盤國宋、梁、隋、唐皆入貢。自小葛蘭西北行,順風一晝夜可至。永樂元年(一

四○三)遣中官尹慶齎詔撫諭其國賜以銷金帳幔織金文綺綵帛及華蓋六年(一四○八)復

命鄭和使其國。九年(一四一一)王可亦里遣使入貢十年(一四一二)鄭和再使其國連二歲

入貢其使者請賜印誥封其國中之山帝遣鄭和齎印賜其王因撰碑文命勒石山上其詞曰:『王化

與天地流通凡覆載之內舉納於甄陶者體造化之仁也蓋天下無二理生民無二心憂戚喜樂之同

情安逸飽燠之同欲悉有間於遐邇哉任君民之寄者當盡子民之道。詩云邦畿千里惟民所止肇彼

四海書云東漸于海,西被于流沙朔南暨聲教訖于四海朕君臨天下撫治華夷一視同仁無間彼此

推古聖帝明王之道以合乎天地之心遠邦異域咸使各得其所聞風嚮化者爭恐後也柯枝國遠在

西南距海之濱出諸蕃國之外慕中華而歆德化久矣。命令之至擧踢鼓舞順附如歸咸仰天而拜曰:

何幸中國聖人之教沾及於我。乃數歲以來國內豐穰居有室廬食飽魚鼈衣足布帛老者慈幼少者敬長熙熙然而樂凌厲爭競之習無有也山無猛獸溪絕惡魚海出奇珍林產嘉木諸物繁盛倍越尋常暴風不興疾雨不作札沴殄息靡有害蓋甚盛矣朕揆德薄何能如是非其長民者之所致歟。

封可亦里為國王賜以印章俾撫治其民并封其國中之山為鎮國之山勒碑其上垂示無窮而系以銘曰截彼高山作鎮海邦吐烟出雲為下國洪龐肅其煩歊時其雨暘祛彼氛妖作彼豐穰靡菑靡沴永庇斯疆優游卒歲室家胥慶於戲山之巔分海之深矣勒此銘詩相為終始」自後間歲入貢。

德五年（一四三〇）復遣鄭和撫諭其國八年（一四三三）王可亦里遣使借錫蘭山諸國來貢正統三年（一四三六）遣其使者附爪哇貢舶還國并賜敕勞王。王瑣里人崇釋教佛座四旁皆水溝，復穿一井每旦鳴鐘鼓汲水灌佛三浴之始羅拜而退其國與錫蘭山對峙中通古里東界大山三面距海俗頗淳築室以椰子樹為材取葉為苫以覆屋風雨皆可蔽人分五等一曰南昆王族類二曰回三曰哲地皆富民四曰革令皆牙儈五曰木瓜木瓜最貧為人執賤役者屋高不得過三尺衣上不得過臍下不得過膝途遇南昆哲地人輒伏地俟其過乃起氣候常熱一歲中二三月時有少雨國人

皆治舍儲食物以俟，五六月間大雨不止街市成河，七月始晴，八月後不復雨，歲歲皆然田瘠少收諸

穀皆產獨無麥諸畜亦皆有獨無鵝與驢云。」

諸蕃志南毗國條曰：

「南毗國在西南之極自三佛齊便風月餘可到。國都號蔑阿抹唐語曰禮司其主裹體跣足縛

頭纏腰皆用白布或著白布窄袖衫出則騎象戴金帽以眞珠珍寶雜拖其上臂繫金纏足圈金儀

仗有犀用孔雀羽爲飾柄拖銀朱凡二十餘人左右翊衞從以番婦擇狀貌奇偉者前後約五百餘人。

前者舞導皆裹體跣足止用布纏腰後者騎馬無鞍纏腰束髮以眞珠爲纓絡以眞金爲纏鍊用腦麝

雜藥塗體蔽以孔雀毛傘其餘從行官屬以白番布爲袋坐其上名曰布袋轎以扛舁之扛包以金銀，

在舞婦之前國多沙地王出先差官一員及兵卒百餘人持水灑地以防颶風播揚飲食精細鼎以百

計日一易之有官名翰林供王飲食視其食之多寡每裁納之無使過度或因而致疾則嘗糞之甘苦，

以療治之國人紫色耳輪垂肩習弓箭善刀稍喜戰鬪征伐皆乘象臨敵以綵繒纏頭事佛尤謹地暖

無寒，米穀麻豆麥粟芋菜食用皆足，價亦廉平。鑿雜白銀為錢鑄官印記民用以貿易。土產真珠諸色

番布兜羅綿國有淡水江乃諸流湊匯之處江極廣袤旁有山突兀常有星現其上秀氣鍾結產為小

石，如猫兒晴其色明透埋於山坎中不時山水發溯洪推流官時差人乘小舸採取國人珍之。故臨

（Kūlam），胡茶辣（Guzerat）甘琶逸（Kanbayat, Cambay）弼離沙（Bǎrōč?），麻囉華

（Malava, Malwa），馮牙囉（Mangalore），麻哩抹（Malabar?），都奴何（Tannah, Tāna），

哑哩（Hili）喏嗷囉囉哩（Cannanore, 或 Nellore）皆其屬國也其國最遠番舶罕到時羅巴

智力干父子其種類也今居泉之城南土產之物本國運至吉囉達弄（Kwala Terong）三佛齊

（Palembang）用荷池縜絹甆器樟腦大黃黃連丁香腦子檀香荳蔻沉香為貨商人就博易焉故

臨國自南毗舟行順風五日可到泉舶四十餘日到藍里（Lāmurī）住冬至次年再發一月始達土

俗大率與南毗無異土產椰子蘇木酒用蜜糖和椰子花汁醞成好事弓箭戰鬥臨敵以綵纈纏髻交

易用金銀錢以銀錢十二準金錢之一地暖無寒每歲自三佛齊監篦（Kāmpar）吉陀（Kĕdah）

等國發船博易用貨亦與南毗同大食人多寓其國中海浴畢用鬱金塗體蓋欲仿佛之金身。」

（十一）下里（Hīli）（註一八）

島夷志略下里條曰：

「國居小唄喃（Kūlam）古里佛（Calicut）之中又名小港口山曠而原平地方數千餘里。民所奠居星羅棊布家給人足厭田中下農力耕氣候暖風俗淳民尚氣出入必懸弓箭及牌以隨身。男女削髮繫溜布地產胡椒冠於各番不可勝計椒木滿山蔓衍如藤蘿冬花而夏實民採而蒸曝以乾為度其味辛採者多不禁其味之觸人甚至以川芎煎湯解之他番之有胡椒者皆此國流彼之餘也。」

（十二）胡茶辣（Guzerat）（註一九）

諸蕃志胡茶辣國條曰：

「胡茶辣國管百餘州城有四重國人白淨男女皆穴耳墜重環著窄衣纏縵布戴白燧耳躡紅皮鞋人禁葷食有佛宇四千區內約二萬餘妓每日兩次歐獻佛飯及獻花獻花用吉貝線結縛為毬日約用三百斤有戰象四百餘隻兵馬約十萬王出入乘象頂戴冠從者各乘馬持劍土產靛青至多，

下編　第七章　印度沿海諸國傳

二九三

紫礦，苟子諸色番布，每歲轉運就大食貨賣。」

（十三）須文那（Sūmanåt）（註二〇）

島夷志略須文那條曰：

「國中班支尼那接境，山如瓜瓠，民樂奠居，田瘠穀少，氣候應節，俗鄙，薄，男女蓬頭繫絲。酋長之

家有石鶴高七尺餘，身白而頂紅，彷然生像，民閒事之爲神鶴，四五月間聽其夜鳴，則是歲豐稔，凡有

疾則卜之，如響斯應。民不善賈海爲鹽，地產絲布，胡椒，亞於希苓，淡邁孩兒茶一名烏爹土又名胥實

失之，其實檳榔汁也，貿易之貨用五色細緞青緞壹蔲大小水罐蘇木之屬。」

（註一）參看大慈恩寺三藏法師傳卷五。

（註二）參看清華學報第八卷第一期王玄策事輯。

（註三）案烏爹國名舊譯作烏茶，大唐西域記卷十云：「烏茶國周七千餘里國大都城周二十餘里土地膏腴穀稼茂盛，

凡諸果實頗大諸國異草名花難以稱述氣序溫暑風俗獷烈人貌魁梧容色黧黑言詞風調異中印度好學不倦，

多信佛法。」卽指此國，梵名作 Udda, Udra, Odra，其地當今之 Orissa.

（註四）參看本書上編第八章，西域記卷十名此國曰珠利邪（Coliya），殆爲阿剌壁語注輦（Ćöliyǎn）對音之所本。

（註五）宋史注輦傳：「國東南約二千五百里有悉蘭池國」此處之羅蘭應是悉蘭之誤。此悉蘭池即諸蕃志之細蘭或細輪疊大食人之 Silan 或 Sirandib，明史之錫蘭也。

（註六）頓田疑爲頓遜之訛。

（註七）諸部落名稱點斷並從諸蕃誌譯註本，可參看 Chau Ju-kua 九四至九五頁又九九頁。

（註八）參看本書上編第八章諸蕃志譯註本一〇〇頁。

（註九）參看本書上編第九章。

（註一〇）西洋瑣里與瑣里應是一國尤侗外國傳誤分爲二國明史外國傳因之。並參看鄭和下西洋考六九至七〇頁伯希和說。

（註一一）加異勒元史馬八兒等傳作加一。參看馬可波羅行記（拙譯本）第三卷第一七三章馬可波羅書寫此名作 Cail今地在印度南端之 Kayalpatam。

（註一二）師子國 Simhala 之義譯也梵名稱寶渚 (Ratandvipa)，阿剌壁語名全島曰 Silan，島中之山曰 Si-randib，諸蕃志之細蘭及細輪疊蓋其對音明代譯名作錫蘭山島夷志略有高郎步，（小唄喃條作高浪阜），乃錫蘭之 Colombo 港今日東西船舶往來之要衝也參看交度印度兩道考一三三至一三五頁。

（註一三）參看大唐西域記卷十一僧伽羅 (Simhala) 國條。

（註一四）此國嶺外代答作故臨宋史作柯蘭，元史亦作唄藍，或作俱藍明代作小葛蘭大食人之 Kūlam 今之 Quilon

也。」

（註一五）古里 Ibn Baṭūṭā 書（一三五五）作 Ḳalikūṭ 今地圖作 Calicut。

（註一六）柯枝譯名疑出大食語 Sīdī Alī Čelebī 書（一五五四）突厥語寫法作 Kōčī 今地圖作 Cochin。

（註一七）南毗一作南昆，諸蕃志譯註考訂作 Malabar 沿岸謂蔑志抹是 Malabar 之對音南毗據 Philipps 說，謂是 Nair 部落又據 Duyvendak 說是婆羅門 Nambūri 之對音伯希和先不取其說（見鄭和下西洋考一二三至一二四頁）後以其說近似（見一九三六年刊通報三十二卷二三一頁）。

（註一八）案下里大食波斯人輿記作 Hīlī 或 Hailī 地在 Mangalore 與 Fandaraina (Pandarani) 兩地間，前一地即本傳之濂牙囉，後一地即元史之梵答剌亦納島夷志略作班達里（參看本書上編第九章），班達里城在今古里 (Calicut) 北十六英里下里城今已荒廢下里地名亦見星槎勝覽舊鈔本著錄羅以智校本改下里為古里說也。

（註一九）胡茶辣大唐西域記卷十一作瞿折羅 (Gurjara)，今之 Guzerat。

（註二〇）大食人 Ibn Saīd（一二一四至一二七四）書云「須文那 (Sūmanāt) 屬胡茶辣 (Guzerat)，胡茶辣一名囉囉 (Lar) 須文那城近海阿丹 (Aden) 船舶泊此者甚衆」今地圖作 Somnath 元史馬八兒傳後作須門那。

中華民國二十六年一月初版

中國文化史叢書 中國南洋交通史一冊

（95848・4）

每冊實價國幣壹元柒角

外埠酌加運費匯費

著作者 馮承鈞

主編者 王雲五 傅緯平

發行人 王雲五 上海河南路五

印刷所 商務印書館 上海河南路五

發行所 商務印書館 上海及各埠

（本書校對者華德宣）

中國文化史叢書第一輯二十種

王雲五　傅緯平主編　商務印書館出版

廿五年十二月一日出版六冊　以後每月續出六冊　四期出齊

全部預約二十二元　廿六年二月底止　另訂分期付款辦法

單行本特價　每期出版之書照定七折發售各以四個月為限

每部定價三十元

書名	著者	定價
中國經學史	馬宗霍著	一冊定價一元
中國理學史	賈豐臻著	一冊定價一元五角
中國田賦史	陳登原著	一冊定價一元五角
中國鹽政史	曾仰豐著	一冊定價一元三角
中國法律思想史	楊鴻烈著	二冊定價三元
中國政黨史	楊幼炯著	一冊定價一元三角
中國交通史	白壽彝著	一冊定價一元七角
中國南洋交通史	馮承鈞著	一冊定價一元七角
中國殖民史	李長傅著	一冊定價二元
中國婚姻史	陳顧遠著	一冊定價一元五角

書名	著者	定價
中國文字學史	胡樸安著	二冊定價四元
中國算學史	李　儼著	一冊定價一元七角
中國度量衡史	吳承洛著	一冊定價二元四角
中國醫學史	陳邦賢著	一冊定價一元八角
中國商業史	王孝通著	一冊定價二元四角
中國陶瓷史	吳仁敬辛安潮著	一冊定價一元
中國繪畫史	俞劍華著	二冊定價三元六角
中國駢文史	劉麟生著	一冊定價一元
中國考古學史	衞聚賢著	一冊定價二元
中國民族史	林惠祥著	二冊定價三元六角

王雲五　傅緯平　主編

中國文化史叢書第二輯書目預告

本叢書擬出八十種分爲四輯陸續發行除第一輯已
開始出版外茲先將第二輯書目及著者預告於左

中國目錄學史　姚名達著　中國建築史　傅緯平等著

中國圖書史　蔣復聰著　中國水利史　鄭肇經著

中國倫理學史　蔡元培著　中國金石史　易大厂著

中國政治思想史　楊幼炯著　中國散文史　陳柱著

中國地方政制史　聞鈞天著　中國俗文學史　鄭振鐸著

中國經濟思想史　壽勉成著　中國疆域沿革史　顧頡剛著

中國經濟史　壽毅成著　中國日本交通史　王輯五著

中國音韻學史　張世祿著　中國西域交通史　曾問吾著

中國曆法史　朱文鑫著　中國地理學史　王庸著

中國農業史　萬國鼎著　中國史學史　何炳松著

商務印書館謹啓